D1692362

Florian Homm

225 JAHRE KNAST

Florian Homm

225 JAHRE KNAST

FBV

Die Bekehrung eines berüchtigten Finanziers

Bibliografische Information der Deutschen Nationalbibliothek
Die Deutsche Nationalbibliothek verzeichnet diese Publikation in der Deutschen Nationalbibliografie.
Detaillierte bibliografische Daten sind im Internet über **http://dnb.d-nb.de** abrufbar.

Für Fragen und Anregungen:
info@finanzbuchverlag.de

1. Auflage 2016

© 2016 by FinanzBuch Verlag,
ein Imprint der Münchner Verlagsgruppe GmbH,
Nymphenburger Straße 86
D-80636 München
Tel.: 089 651285-0
Fax: 089 652096

Übersetzung: Almuth Braun
Redaktion: Silvia Kinkel
Korrektorat: Verena Schnapp
Umschlaggestaltung: Stephanie Druckenbrod
Bildquelle und -bearbeitung: Shutterstock, Pamela Machleid
Satz: inpunkt[w]o, Haiger
Druck: GGP Media GmbH, Pößneck
Printed in Germany

ISBN Print 978-3-89879-951-5
ISBN E-Book (PDF) 978-3-86248-853-7
ISBN E-Book (EPUB, Mobi) 978-3-86248-854-4

Weitere Informationen zum Verlag finden Sie unter

www.finanzbuchverlag.de

Inhalt

Wohltätiger Zweck

Wie bei meinem ersten Buch gehen alle Autorenhonorare an eine ordnungsgemäß eingetragene und umfassend geprüfte karitative Einrichtung. Jede Spende ist sehr willkommen, denn sie wird dringend gebraucht, um Menschen in Not zu helfen.

Gott segne Sie und Ihre Angehörigen. Sie können mich unter den folgenden Adressen erreichen:

florian@olmomag.org
www.florianhomm.org

Widmung

Diese wahre Geschichte ist der Muttergottes gewidmet, die mir dieses kleine Büchlein mit ermutigenden und erleuchtenden Botschaften nahegebracht hat. Als ich im Staub lag und mich mit Selbstmordgedanken trug, rettete mir Marias Botschaft der Gnade, Hoffnung und Liebe das Leben. Da SIE diese verlorene kleine Seele vor dem Ruin gerettet hat, habe ich es mir zur Lebensmission gemacht, *Our Lady's Message of Mercy to the World* zu verbreiten, damit andere Seelen in Not auch von ihrer großen Gnade profitieren können. Dieses Buch ist zudem den sieben weltlichen Engeln gewidmet, die für mich gekämpft haben, sowie all denjenigen, die mir während meiner Zeit im Gefängnis geholfen und für mich gebetet haben. Ich werde nicht alle eure Namen offenbaren, aber jeder einzelne von euch weiß, wen ich meine. Ich danke euch.

Vorwort

Was bisher geschah:
Vom Vorhof der Hölle in den Himmel auf Erden

Während ich mit dem Manuskript zu diesem Buch beginne, fühle ich mich als eine völlig andere Person als die, die im Jahr 2012 das Buch *Kopf Geld Jagd* verfasste. In jener Autobiographie schrieb ich, dass ich möglicherweise im Gefängnis landen würde. Allerdings konnte ich mir 2012 nicht im Entferntesten vorstellen, dass mir eine potenzielle Gefängnisstrafe von neunmal lebenslänglich drohen würde, dass ich unter den schwierigsten Bedingungen, die sich ein Mensch nur ausmalen kann, ein Auslieferungsbegehren der USA würde abwenden können, eine dramatische persönliche Wandlung vollziehen und schließlich als einziger deutscher Bürger enden würde, der auf der Liste der meistgesuchten Personen des FBI auftaucht.

Im Gegensatz zum ersten Buch besteht der Zweck dieses Buches nicht darin, die Rätsel meiner Existenz zu lösen und einen Lebenssinn zu finden. Ich habe meine Berufung gefunden.

Dieses Buch ist für jedermann, egal ob Sie glücklich, einigermaßen zufrieden oder kreuzunglücklich sind. Ich möchte einfach nur unterhalten und einige wertvolle Erkenntnisse über die Dinge beisteuern, die uns wirklich glücklich machen. Aber das ist nicht der Hauptzweck. Dieses Buch will andere, die sich in einer misslichen und scheinbar ausweglosen Lage befinden, dazu ermuntern, nicht aufzugeben! Dieses Buch richtet sich außerdem an verlorene Seelen, an Menschen in extrem schmerzlichen Situationen und solche, die Angst, Zweifel, Krisen und Einsamkeit verspüren. Es richtet sich an alle, die aus dem Lebensgleis geraten sind oder in ihrer eintönigen Existenz einen Weg zu Erfüllung und Glück suchen. Es richtet sich auch an all diejenigen, die sich mit Selbstmordgedanken tragen oder sogar versucht haben, Selbstmord zu begehen, sowie an die aus der Gesellschaft Ausgestoßenen, zum Beispiel Straftäter, Drogensüchtige, Prostituierte, Gefängnisinsassen, Hedgefondsmanager (ich mache nur Spaß!) und alle Kranken und Unterdrückten. Und schließlich richtet es sich an diejenigen, die an gar nichts glauben, nicht wissen, an was sie glauben sollen, und diejenigen, die schwer mit sich und dem Glauben ringen. Diese drei letztgenannten Punkte trafen alle einmal auf mich selber zu.

Wenn es Ihnen gut geht und Sie keinerlei Probleme haben, dann kann dieses Buch unterhaltsam und informativ sein, aber vielleicht berührt es Sie innerlich nicht. Sie haben alles unter Kontrolle. Nichts Schlechtes kann Ihnen zustoßen oder Sie aus der Fassung bringen, stimmt's? Sie leben offensichtlich auf der Sonnenseite des Lebens. Sie haben hart für das gearbeitet, was Sie sind und besitzen. Vielleicht gehen Sie sogar regelmäßig in die Kirche oder sind ein ausgeprägter und leidenschaftlicher Familienmensch. Dann freue ich mich aufrichtig für Sie, aber dennoch bitte ich Sie eindringlich, offen zu sein und Ihre Leistungen und Ihren Segen mit anderen zu teilen, die weniger Glück im Leben haben. Der Hüter Ihres Bruders zu sein, mag Ihnen als eine seltsame Idee erscheinen. Warum sollten Sie Ihre sauer verdienten Früchte mit anderen teilen? Schließlich bekommt jeder, was er verdient und wofür er sich anstrengt, oder nicht? Nun, vielleicht auch nicht! Dieses kurze Buch wird Ihnen zeigen, dass Liebe, Geben und Teilen dem Gebenden eine größere Zufriedenheit und ein größeres Glücksgefühl bescheren,

als Nehmen, kalte Logik und Selbstgerechtigkeit. Aus rein wissenschaftlicher Sicht ist es außerdem wesentlich intelligenter, zu geben als zu
nehmen. Seien Sie offen. Sie werden möglicherweise überrascht sein.
Versuchen Sie es.

Einleitung

Februar 2013,
wenige Wochen vor meiner Festnahme

Diejenigen, die uns am nächsten stehen, können Menschen und Ereignisse oft wesentlich besser beschreiben als wir selber. Mein Sohn Conrad kann auf alle Fälle eine persönlichere, von seiner Wahrnehmung geprägte Beschreibung der Jahre liefern, die meinem unfreiwilligen Sabbatjahr in Italien vorausgingen, als ich. Conrads folgender Aufsatz vermittelt den Lesern, die meine Autobiografie *Kopf Geld Jagd* von 2012 nicht gelesen haben, ein genaueres Bild der Dinge. In seinem letzten Jahr an einer der führenden Privatschulen der USA brachte er in seinem Kurs Kreatives Schreiben die folgenden Gedanken zu Papier:

Der skrupellose Familienmensch

Von Conrad Homm, Philipps Exeter Academy, 2013

Sein verknittertes Seidenhemd, das bis auf die beiden untersten Knöpfe offenstand, gab den Blick auf seine Brust sowie eine lange rosarote Narbe frei, die sich mitten über seinen braungebrannten Bauch zog. Seine kubanische Zigarre lag auf der Armlehne. Sie hatte Pause, so wie auch das Glas Rum.

Er nahm die schwarzglänzenden Perlen des Rosenkranzes zwischen die Finger der einen Hand, ein kleines blaues Buch der Maria in die andere und sprach mit geschlossenen Augen und der Stimme eines Mannes, der einst zu herrschen gewohnt war, die Worte: »Gegrüßet seist du, Maria, voll der Gnade ...«, während die strahlende mexikanische Sonne auf ihn herabschien. Für eine Sekunde schweifte er von den rituellen Gebeten ab und sprach persönliche Gebete für seine Exfrau und die Familie, die er verloren hatte. Dann ließ er den Rosenkranz los und fuhr sich mit seinen rissigen, schwieligen Händen durch das schüttere, sonnengebleichte Haar und sagte feierlich, aber mit einer gewissen Inbrunst »Amen.«

Mein Vater, Florian Homm, hat ein intensives und bisweilen äußerst unterhaltsames Leben geführt. Er ist Abkömmling der berühmt-berüchtigten deutschen Neckermann-Dynastie, die Industrielle, Magnaten, Politiker, einen der ersten olympischen Goldmedaillengewinner nach dem Zweiten Weltkrieg, einen der mächtigsten Schwarzmarkthändler der Nachkriegszeit, Profiteure der Arisierung jüdischer Unternehmen und ein Mitglied von Hitlers Leibstandarte hervorgebracht hat. Seinen Nachnamen Homm hat mein Vater von seinem weniger berühmten Vater geerbt; er selber betrachtete sich jedoch stets als ein Neckermann, zumindest bis sein Nachname in Deutschland erst berühmt und später berüchtigt wurde.

Die Beziehung seiner Eltern war zerrüttet. Untreue und lautstarke Auseinandersetzungen waren an der Tagesordnung. Ich erinnere mich, dass meine Eltern über eine bestimmte Szene sprachen. Mein Vater war noch nicht ganz im Teenageralter und hatte mit seinem Vater Basketball gespielt. Der junge Florian ging ins Haus und sah, dass die Tür zum Schlafzimmer seiner Mutter offenstand. Heraus kam ein bärtiger Mann – Uschis Liebhaber, der über einem angeschmuddelten T-Shirt eine Lederjacke trug. Seine offenstehende Hose hing auf halb acht. Er kam die Treppe herunter, nickte meinem Großvater zu und tätschelte Florian den Kopf, während er mit der anderen Hand seinen Gürtel arrangierte. Die Familie, aus der Florian stammte, scherte sich so wenig um moralische Werte, dass sich diese indifferente Haltung auf Florians Ehe mit meiner Mutter übertrug. Kurz nach Florians Hochzeit sagte seine Mutter ihm in Anwesenheit seiner jungen Ehefrau, viele Liebhaber zu haben, sei gut für die Beziehung und belebe den Alltag. Schon in jungen Jahren beschloss mein Vater, Großes zu leisten, genau wie sein Großvater Josef Neckermann, aber er nahm sich auch vor, mit bestimmten Familientraditionen zu brechen. Nachdem seine Mutter ihm ihre Eheratschläge mit auf den Weg gegeben hatte, versicherte er meiner schreckensstarren Mutter, er würde mit dieser Tradition brechen und ihr treu sein. Fast zwei Jahrzehnte hielt er Wort.

Ich war 13 und meine Schwester zehn Jahre alt. Ich hatte meine Mutter nur zweimal im Leben weinen sehen. Sie kam in mein Zimmer mit roten, angeschwollenen Augen, angefüllt von Hass und Schmerz. Über ihr porzellangleiches Engelsgesicht floss schwarze Mascara. Sie sah mich an, schloss die Augen und holte tief Luft. »Kommt mit mir, Kinder«, zischte sie leise durch zusammengepresste Zähne. Dann drehte sie sich um und ging auf Dads Büro zu.

Hysterisch schluchzend verbarg sie ihr Gesicht in den Händen und stolperte durch das große Marmorfoyer. Vor der Tür hielt sie inne und wischte sich ihr mascaraverschmiertes Gesicht am Ärmel ab. Meine Mutter drehte sich zu mir um und warf mir einen Blick zu, den ich nie vergessen werde. »Dein Vater ist genauso ein Arschloch wie alle anderen. Er hat mich betrogen. Erinnerst du dich an diese Schlampe auf Florians Geburtstagsparty?« Es war das erste Mal, dass ich meine Mutter meinen Vater bei seinem offiziellen Vornamen nennen hörte. Von diesem Moment an wurde er auch für mich zu Florian.

Meine Mutter ging auf uns zu und umarmte uns. Ich hatte mir schon so etwas gedacht, als sie weinend in mein Zimmer gekommen war. Ich wusste, dass ich nichts tun konnte, um sie zu beruhigen und ihr den Schmerz zu nehmen. Ich fühlte mich hilflos. Nutzlos. Und dann bekam ich eine Gänsehaut: Würde ich ein weiterer Homm werden? Würde auch ich womöglich einen so wundervollen Menschen wie meine Mutter verletzen?

Wir gingen ins Büro meines Vaters und fanden dort einen gebrochenen Mann vor; einen Mann, der wahrhaftige Segnungen erfahren hatte, der talentiert war, ein Selfmade-Millionär, der ein Vermögen verdient, Liebe gefunden, Abenteuer erlebt und Momente des Glücks verspürt hatte; ein Mann, der dabei war, alles zu verlieren. Er saß in seinem riesigen Lehnstuhl aus rotem Leder, unter den Augen kräuselten sich Falten. Er zitterte. Florian hatte zugenommen, seine Augen waren gerötet und sein Haar war schütter geworden.

»Susie, ich liebe dich immer noch«, flüsterte er mit Verzweiflung in der Stimme.

Meine Mutter sah ihn an und spuckte auf den Boden. Er verbarg sein Gesicht in den Händen. »Kinder«, begann er, aber ich wendete mich sofort ab und umarmte meine Mutter, die erneut zu schluchzen begann. Dann weinte auch Florian. Den angefangenen Satz beendete er nie.

Ein Jahr später, als ich in Florida zur Schule ging, erhielt ich eine anonyme Nachricht von einem unbekannten Absender. Sie lautete: »Ich kann nicht glauben, dass deine Mutter und sie zur selben Spezies gehören.« Offensichtlich liefen die Dinge mit dem russischen Flittchen nicht gut. Ich, der damals ein 15-jähriger Teenager war, textete zurück: »Ich kann nicht glauben, dass du versucht hast, das Beste, was dir je passieren konnte, durch eine Nutte auszutauschen.«

Er antwortete: »Das habe ich nicht versucht.«

Heute erkenne ich, dass er das ernst gemeint hat. Mein Vater hatte tatsächlich nicht versucht, sie zu ersetzen. Er war immer noch rasend in meine Mutter verliebt, aber er fürchtete sich vor dem Älterwerden und dem Tod. Nicht einmal dieser unbesiegbare Hüne konnte den Zahn der Zeit aufhalten, auch wenn er versuchte, sich mit der Affäre mit einem billigen Flittchen, das seine Tochter hätte sein können, das Gefühl von Jugend zu geben. Er liebte meine Mutter und war ohne sie kaum lebensfähig. Plötzlich fehlten im Haus Kopfkissen, die er – wie mein Vater später erklärte – mitgenommen hatte, weil er den Geruch meiner Mutter vermisste. So sehr liebte und vermisste er sie.

Nachfolgend ein Auszug aus einem Aufsatz, den ich über meinen Vater schrieb, als ich 14 war. Er hat ihn ein wenig abgeändert und in seine Autobiografie Kopf Geld Jagd integriert, die im November 2012 erschien. Ich habe dieses Schreiben wieder in seine ursprüngliche Fassung gebracht, weil mein Vater einige Änderungen vorgenommen hatte, die ihn in schmeichelhafterem Licht erscheinen ließen als es tatsächlich der Fall war. Dies ist die unbearbeitete Version:

Big Fella

Der Riese streift in der Nachmittagshitze durch die spanischen Straßen – mit großspurigem Gang, die Brust aufgebläht wie ein Pfau, und Händen, die neben seinem Körper auf- und abschwingen. Gelegentlich schnippt er mit den Fingern zu keinem anderen Rhythmus als dem, der in seinem eigenen Kopf schlägt. Der heißblütige 47-Jährige zwinkert und lächelt kokett einer Frau zu und mustert sie wie der Chef eines Drogenkartells die Schönheitskönigin von Kolumbien. Meine Mutter, die daran gewöhnt ist, schüttelt den Kopf und verdreht die Augen, während Dad einen tiefen, nachdenklichen Zug von seiner kubanischen Zigarre nimmt.

Er fährt sich mit den langen Fingern durch sein silbrig-blondes Haar. Florian lässt die öden, zementierten Bürgersteige der Innenstadt von Palma wie einen roten Teppich wirken. Ihm gehört die Straße, und wir folgen drei Schritte hinter ihm wie Höflinge. Er schüttelt seinen linken Arm, an dem er eine auffällige Rolex trägt, hebt ihn schwerfällig an, als wolle er nach der Zeit sehen und erntet dabei aufmerksame Blicke deutscher Touristen. Auf seiner Brust bilden sich kleine Tröpfchen. Er knöpft den obersten Knopf seines hauchdünnen, taillierten italienischen Seidenhemds auf und entblößt eine 30 cm lange Narbe. Er wendet sich unserem Gast zu, der Mühe hat, mit ihm Schritt zu halten. Der Besucher wirft einen neugierigen Blick auf die Brust meines Vaters. »Oh, diese kleine Wunde? Ich wurde in Venezuela angeschossen.« Und genau wie beabsichtigt und erwartet, machte der Mann große Augen und bekundete tief beeindruckt bewunderndes Erstaunen.

Wir eilen in demselben gehetzten Schritt einige Straßenzüge weiter, wobei mein Vater außerordentlich großzügig zu den Bettlern ist, denen er 20-Euro-Scheine zusteckt. Er fragt unseren Gast, wie viel er für wohltätige Zwecke gestiftet hat und nennt ihm dann die irrsinnigen Summen, die er selber gespendet hat. Einmal gab er einem Pizzafahrer 1 000 Euro, weil mein Vater an diesem Tag Geburtstag hatte und der Pizzafahrer irgendwie einen schlechten Tag zu haben schien.

Wir stehen in einer langen Schlange an und mein Vater beginnt, an seinen Nägeln zu kauen. »Ich kann das nicht ertragen, Susan. Ich gehe und kaufe noch eine Zigarre und treffe euch dann im Restaurant«, sagt er und saust davon. Wir finden ihn wutschnaubend vor dem Restaurant. »Wir gehen woanders

essen. Scheiß auf den faschistischen Kellner. Nicht einmal auf
der Terrasse lassen sie mich rauchen. Verdammt. Die haben
alle keine Klasse da drinnen! Alle Frauen haben mich an-
geflirtet! Können die nicht sehen, dass ich mit dir hier bin?«

Mein Vater hat ein Problem mit Geduld und Autorität,
und diese Probleme gehen auf zwei Dinge zurück, die er
am meisten hasst und fürchtet: normal und mittelmäßig
zu sein. Mein Vater ist ein sehr außergewöhnlicher Mensch
und seine Autobiografie wäre als Roman wahrscheinlich
glaubhafter, allerdings entspricht sie der Realität, soweit ich
seine persönliche Geschichte kenne. Nach den Sternen zu
greifen und einzigartig sein zu wollen, ist wahrscheinlich
die Eigenschaft, die ich wirklich von ihm geerbt habe. Die
größte Beleidigung, die Florian jemals empfand, waren die
Worte, die ihm meine Mutter entgegenschleuderte, als er ihr
gestand, sie betrogen zu haben: »Du bist genauso ein ver-
dammtes männliches Schwein wie alle anderen.« Dieser
Satz bedeutete Mittelmäßigkeit. Diese Beleidigung und die
Tatsache, dass meine Mutter ihn anschließend komplett ignorierte, waren die einzigen beiden Dinge, die den selbsternannten Psychopathen zum Schweigen bringen konnten.

Im Wesentlichen war Florian eine Person, die immer gegen
den Strom schwimmt. Er war einfach völlig anders als andere. Er ging nicht, er schritt. Er weigerte sich, albernen Ge-
bräuchen und Verhaltensweisen zu folgen, denen »die Massen
gehorchen wie Lemminge.« Lange Warteschlangen machten
ihn ungehalten. Wenn er in einem Café gebeten wurde, nicht
zu rauchen, dann bekam der hünenhafte ehemalige Profisportler und Hedgefondsmanager einen Tobsuchtsanfall, der
einem verzogenen Kleinkind alle Ehre gemacht hätte.

Ihm habe ich es zu verdanken, dass ich in die Vorstellung verliebt bin, einzigartig zu sein. Ob es meine Gene oder meine Liebe zu der romantisch verklärten, mythischen Figur war, die mein Vater als Kind für mich darstellte, so einzigartig zu werden wie er, war eines meiner größten Ziele. Erst seit kurzem ist mir klar, dass es nichts Einzigartiges an sich hat, so zu werden, wie er. Erst seit kurzem verfolge ich meine eigenen Ziele, und erst seit kurzem beginnt Florian wieder ein Teil meines Lebens zu sein. Ich frage mich, ob meine Erkenntnis damit zu tun hat, dass er begonnen hat, ein Vater zu sein.

Die verwirrendste Situation, mit der mein Vater in diesem Leben konfrontiert wurde, war die Zeit, als sich meine Eltern entfremdeten und schließlich scheiden ließen. Mein Vater zog sich aus seinem Unternehmen zurück, müde von der Routine, den Parasiten und dem brutalen Arbeitseinsatz. Der Aktienkurs seiner milliardenschweren Hedgefondsgesellschaft Abcap Management brach am Tag seines Rücktritts an der Londoner Börse um 87 Prozent ein. Es hagelte Klagen. Zudem veruntreuten einige seiner eigenen Treuhänder große Summen und leiteten zweistellige Millionenbeträge in lächerliche und dumme Investitionen, vor denen mein Vater dringend gewarnt hatte. Außerdem hatte er sich im Verlauf seiner Karriere, in der er mit feindlichen Firmenübernahmen, Greenmailing und aggressiven Leerverkäufen Angst und Schrecken verbreitet hatte, zahlreiche Feinde gemacht.

Im Jahr 2006 überlebte er nur knapp einen Mordversuch in Caracas, Venezuela. Der Rosenkrieg, den sich meine Eltern lieferten, und die Kämpfe meiner Mutter um ihren rechtmäßigen Anteil am Familienvermögen zehrten an seinen Nerven. Zudem befürchtete er, einige der Klagen, die gegen ihn erhoben worden waren, könnten strafrechtliche Folgen haben. Er hatte von seiner selbstfabrizierten Welt genug, war von sich selbst angewidert und machte sich aus dem Staub. Würde er für längere Zeit hinter Gitter wandern, würde dieser Freigeist seinem Leben ein Ende setzen. Er ist so radikal. Strenge Regeln, ein Mangel an Bewegungsfreiheit und eine stumpfe tägliche Routine würden ihm den Lebenswillen nehmen. Außerdem klang das »Exil« Ende 2007 in den Ohren meines gestörten Vaters wahrscheinlich wesentlich aufregender. Das passte gut zu der Midlife-Crisis, in der er zu jener Zeit steckte.

In seinem Interesse will ich nicht auf die Details eingehen, wie ich die ganze Zeit mit ihm in Kontakt blieb oder wo er derzeit lebt. Aber ich habe ihn getroffen. Er war ein anderer Mensch. Er hatte sich zu einem tief religiösen und spirituell glücklicheren Menschen gewandelt, aber er schien auch von einer tiefen Traurigkeit erfüllt. Er hatte nun andere Träume. Er wollte mich zum ersten Mal in meinem Leben an meinem Geburtstag sehen und meine Freundin kennenlernen, die ich ihm ausführlich beschrieben und an der er Gefallen gefunden hatte. Er erstellte außerdem eine Liste mit Zielen für mich. Er wollte, dass ich erfolgreich wäre. Neben diesen Zielen vermittelte er mir moralische und religiöse Gesetze, die ich nach seiner Erwartung befolgen sollte. Das alles war neu für mich. Der Mann, der mir zuvor immer gesagt hätte, ich hätte meine Jungfräulichkeit mit spätestens 16 zu verlieren, da er seine mit 15 verloren hatte, forderte mich nun auf, nach jeder Mahlzeit Gott zu danken.

Mein Vater wandert von Land zu Land, um gefährlichen Feinden, einer weltweiten Kopfgeldjagd und möglichen Gerichtsprozessen zu entgehen. Die Auswirkungen, die damit verbunden sind, außerhalb jeder Reichweite zu sein, erkannte er jedoch erst nach seinem ersten Jahr im Exil. »Auf der Flucht« zu sein, bedeutete, unauffällig sein und leben zu müssen. Er konnte sich mit niemandem anfreunden, und das Schlimmste für ihn war, dass er nicht mit meiner Mutter sprechen konnte. Selbst nachdem ihm klar geworden war, dass er eine Familie wollte, konnte er uns nicht haben – obwohl wir zuvor immer da gewesen waren.

Das Dilemma bestand darin, dass er weder der Mann sein konnte, der er ein halbes Jahrhundert gewesen war, noch der neue Familienmensch, der er nun gerne sein wollte. Er war niemand – im schlimmsten Fall eine verlorene Seele und im besten Fall ein Suchender. Die Umstände zwangen ihn, so zu sein wie all die Menschen, die er immer verachtet hatte: still, unauffällig und – wie er meinte – angepasst und daher irrelevant.

Jedes Kapitel seines Buches enthält eine Vielzahl von Zitaten. Ich glaube, das Zitat, das am besten auf ihn passt, ist das Zitat von Edgar Allen Poe über Verrücktheit.

> »Ich fiel in geistige Umnachtung, unterbrochen von langen Intervallen schrecklicher geistiger Klarheit. Während dieser Anfälle des absoluten Unbewusstseins trank ich – Gott allein weiß, wie oft oder wie viel. Selbstverständlich führten meine Feinde diese geistige Umnachtung auf den Alkohol zurück, anstatt den Alkoholkonsum auf die geistige Umnachtung.«

Edgar Allen Poe

Mein brillanter Vater war dazu gebracht worden, ein Leben in geistiger Klarheit und Langeweile zu führen. Zwar klang die Vorstellung einer abenteuerlichen Flucht aufregend, aber sein tatsächliches Leben war alles andere als das. Zuerst begann er Drogen zu nehmen, die er seit seiner Jugend nicht mehr angerührt hatte, aber sie halfen ihm nicht weiter. Dann verfiel er viele Monate in eine tiefe Depression, unfähig, Antworten auf seine eigenen Fragen zu finden. Das einzige, das ihn vom Selbstmord abhielt, war sein aufgeblasenes Ego und seine neue Religion, die ihm Hoffnung gab. In seinem ersten Jahr im Exil wurde er eifersüchtig und rachsüchtig. Bisweilen ließ er meine Mutter sogar beschatten, um sicher zu sein, dass sie kein Liebesleben hatte. Mir wird ganz anders, wenn ich daran denke, was ihr womöglich passiert wäre, wenn sie einen Freund oder Liebhaber gehabt hätte.

Mein Vater war brillant, fand jedoch keinen Ausweg. Er versuchte, während seines Exils zu arbeiten und zu investieren, aber er hatte eigentlich keine Mittel, um Kunden zu gewinnen oder Renditen zu erwirtschaften. Seine »Partner« bestahlen und betrogen ihn während der gesamten Zeit, die er auf der Flucht war. Er selbst beschrieb sich als illegale Prostituierte, die nirgendwo den Lohn ihrer Arbeit einklagen kann, ohne eine Verhaftung zu riskieren. Allein seine Anwesenheit in den verschiedenen Ländern, in denen er bestohlen wurde, war illegal, wie konnte er also Rechtsschutz suchen und sich wie jeder normale Bürger auf die Gesetze berufen? Der Mann, der stets jede Autorität in Frage gestellt hatte, brauchte nun dringend die Hilfe der gesetzlichen Autoritäten. Zum ersten Mal empfand er Selbstmitleid. Zum ersten Mal fühlte er sich hilflos und ohnmächtig. Zum ersten Mal wurde er zum Pessimisten. Aber dann erlebte er einen besonderen religiösen Moment, in dem er seine Hoffnung und seine positive Haltung zurückgewann. Hier eine kurze Darstellung des Moments, in dem er seine persönliche Erleuchtung erlebte.

Er schlenderte über die unebene Kiesstraße. Soeben hatte er eine Zwei-Dollar-Zigarre erstanden, etwas, auf das er in seinem früheren Leben nicht einmal gespuckt hätte. In seinem früheren Leben besaß er kistenweise edle braune kubanische Importzigarren. Nun musste er sich mit dieser dünnen, billigen und schlecht gerollten Kopie begnügen. Und dennoch ist sie für den sich selbst entfremdeten Finanzier die größte Belohnung des Tages.

Er ging über die holprige Sandstraße Richtung Hostel und seufzte. Der Mauersims seines Hostels war mit scharfkantigen Glasscherben bestückt, um Einbrecher abzuhalten. Die Fenster, von denen einige zerbrochene Scheiben hatten, waren vergittert. Der Mann senkte den Kopf und betrachtete nachdenklich seine Umgebung. Dann ging er weiter, bis ihn plötzlich jemand am Hemd zog.

Es war ein sehr kleiner verhutzelter alter Bettler. Er streckte meinem Vater seine gelbe schmutzige Hand entgegen und bedachte ihn mit einem zahnlosen Grinsen. Dann sagte er: »Money, Señor? Ich bin hungrig.« Mein Vater war immer großzügig gewesen, als er noch reich war, aber diese Situation war anders. Jede größere Spende konnte Auswirkungen auf seine unmittelbaren Pläne haben, weil er nicht wusste, welche Summe ihm in seiner Situation tatsächlich weiterhelfen würde. Er griff in seine Hosentasche und nahm alle

Münzen und Geldscheine heraus. Und dann sagte der Bettler: »Gott segne Sie!« Mit einem Mal durchfuhr Florian eine so heftige Gefühlswallung, dass er nach oben blickte. Der Himmel war tiefblau. Florian drehte sich um und stolzierte davon, während er eine Telefonnummer wählte. Ich glaube, er rief seinen spirituellen Ratgeber an. Er lächelte und kicherte vor sich hin. Seine Verrücktheit war zurück und er freute sich zum ersten Mal seit Beginn seiner Flucht auf die Zukunft. Er war wieder Florian, aber er schien in diesem Augenblick begriffen zu haben, dass Geben statt Nehmen der Schlüssel zur Erfüllung war - der Schlüssel, nach dem er all die Jahre gesucht hatte. Und vielleicht war er dieses Mal gar nicht so verrückt.

Florian durfte nicht Florian sein. Er durfte kein Vater sein. Er durfte seinen eigenen Namen nicht verwenden. Er hatte niemanden, der ihn Vater nannte, und niemanden, der ihn »Schatz« oder »mein Mann« nannte. Und so beschloss er, dass die einzigen Seelen, die ihm nahestehen würden, Gott, Maria und Jesus wären. Nur sie konnten Florian nahe sein und ihn ständig begleiten.

Genau wie mein Vater war auch ich verloren. Als ich noch ein Kind war, war mein Vater nie da, aber dennoch war er mein Leitbild und befeuerte meinen Ehrgeiz. Ich verglich mich ständig mit ihm und fragte mich immer, wie er in einer bestimmten Situation reagieren würde. Ich wollte Finanzier werden, so wie er. Ich wollte die gleichen Sportarten ausüben, und auch ich wollte berühmt und einflussreich werden. Im Gegensatz zu meinem Vater durfte ich zwar immer noch Conrad Homm sein, ich war jedoch meines Idols beraubt.

Ich merke, dass ich Florian verziehen habe. Ich habe Dad verziehen. Ich erkenne, dass ich nicht er bin. Ich glaube, ich kann meine Sache besser machen, aber ich merke auch, dass ich in seiner Nähe sein möchte. Mein Vater sagt immer, ich hätte nur seine guten Eigenschaften geerbt, ich habe aber festgestellt, dass das nicht stimmt. All seine Eigenschaften sind wie ein Bumerang. Wenn du ihn wirfst, kommt er zu dir zurück. Und ich fürchte noch immer, dass ich das Muster Homm nicht durchbrechen kann. Ich werde ständig aufpassen müssen. Aber mit der Orientierung, die mir meine Mutter mit auf den Weg gegeben hat, und nun auch der meines Vaters, wird es mir wohl gelingen.

Vor kurzem erhielt ich einen anonymen Anruf.

»Conrad, ich werde verdammt nochmal zu deiner Abschlussfeier kommen!«, rief mein Vater, sobald ich den Anruf entgegennahm. Ich musste lachen. Die Vorstellung, er könne in ein Erste-Welt-Land einreisen, schien so abwegig, vor allem in Bezug auf die USA mit ihren ganzen Sicherheitskontrollen. Aber er war offenbar von dieser Idee begeistert.

»Ich werde da sein, und das ist erst der Anfang! Ich werde alles wieder gutmachen und ein Vater sein! Ich werde dir ein Karriereberater sein! Für dich da sein! Deine Freundin kennenlernen! Ich habe gebetet ...« Er redete und redete, bis ich ihn unterbrach. Mit einem Lächeln antwortete ich am anderen Ende der Leitung: »Ok, Big Guy. Ich sehe dich zwar kaum, aber du bist ein besserer Vater als je zuvor. Ich vermisse dich, Dad« Und dann hörte ich einen leisen Schluchzer, gepaart mit unterdrücktem Lachen. Es war das erste Mal seit vielen Jahren, dass ich Florian »Dad« nannte.

Blick zurück:

März 2015

Ich lebe. Ich bin relativ frei. Ich habe einen fantastischen Job. Ich liebe und werde geliebt. Ist es wichtig, dass ich an chronischer progressiver Multipler Sklerose leide und der einzige Deutsche auf der Liste der meistgesuchten Personen des FBI bin? Ist es wichtig, dass ich nirgendwohin reisen kann, außer innerhalb der Grenzen meines Heimatlandes? Ist es wichtig, dass ich dringend Geld für meine Verteidigung in zwei Zivil- und einem Strafprozess brauche? Nicht wirklich. Weil ich eine immense Dankbarkeit verspüre. Wenn die Menschen, die mir am nächsten stehen, nicht schweren Repressionen und Bedrohungen ausgesetzt wären und meine Mutter nicht von Brust-, Knochen- und Leberkrebs und inneren Blutungen aufgezehrt würde, wäre ich regelrecht überschwänglich. Werfen wir einen Blick zurück auf meine Situation vor einem Jahr.

Staatsgefängnis Pisa, Toskana, Italien – März 2014

> *Das Leben ist zu kostbar, zerstöre es nicht. Leben ist Leben. Kämpfe dafür.*

Mutter Teresa

Ich saß mehr als ein Jahr in italienischen Gefängnissen, während ich gegen meine Auslieferung in die USA kämpfte. Das amerikanische Justizministerium warf mir Betrug in neun Fällen vor und wollte, dass ich neunmal lebenslänglich bekäme – 25 Jahre (die Höchststrafe) für jedes angebliche Delikt; das machten insgesamt 225 Jahre Gefängnis ohne Bewährung. Das waren sieben lebenslange Haftstrafen mehr als die, die das Justizministerium für James J. Bulger, den berüchtigten Mafioso aus Boston beantragt hatte, der für schuldig befunden wurde, elf Morde begangen zu haben.

Mein rechtes Knöchelgelenk war vollkommen taub, weil die leitende Gefängnisärztin mir die Multiple-Sklerose-Medikamente mehr als drei Monate lang bewusst vorenthalten hatte. Ich konnte nur mit einem Stock beziehungsweise einer Krücke laufen, weil ich unzählige Mal hingefallen war. Meine linke Hand zuckte unkontrolliert und ich hatte in den vergangenen fünf Monaten nicht eine Nacht mehr als zwei Stunden geschlafen. Das lag an einer Harnwegsentzündung, die mich zwang, spätestens alle zwei Stunden zu pinkeln. Da diese Infektion von den Gefängnisärzten nicht behandelt wurde, injizierte ich in dem Versuch einer Selbstbehandlung mit einem Strohhalm regelmäßig Seife in meinen Penis, um irgendwie die Bakterien zu bekämpfen. Ich war noch nicht so weit, dass ich eine selbstfabrizierte Plastikwindel tragen und mich nachts einnässen wollte, nur um einige zusätzliche Stunden Schlaf zu bekommen.

Seit Beginn der Dokumentation vor ungefähr 30 Jahren ist es noch keinem einzigen Strafgefangenen gelungen, einer Auslieferung von Italien nach Amerika zu entgehen. Die Chancen standen also katastrophal schlecht. Außerdem stand ich völlig unter Strom, weil mir das Geld für die Verteidigung ausging. Zwanzig Millionen Dollar, die auf einem Schweizer Konto lagen, waren eingefroren worden. Ich kam nicht an mein eigenes Geld heran, nicht einmal, um damit meine Verteidigung zu bezahlen. Ich musste unbedingt drei Millionen Dollar für meinen bevorstehenden Prozess in den USA aufbringen. Zwar waren meine amerikanischen Anwälte ziemlich sicher, dass ich den Prozess gewinnen würde, aber sie sagten mir auch, dass ein vom Staat bestellter Pflichtverteidiger weder die Ressourcen noch die Kompetenzen haben würde, um einen derart umfangreichen und komplexen Fall entsprechend zu betreuen. Meine Chancen, mit einem minderqualifizierten, überarbeiteten Pflichtverteidiger gegen die US-Regierung zu gewinnen, waren gleich null.

Also schrieb ich an zwölf angebliche Freunde und ehemalige Geschäftspartner. Sie alle waren schwerreich und verfügten über liquide Barmittel von mehr als einer Milliarde Dollar. Die meisten von ihnen standen tief in meiner Schuld. Auf einige traf das allerdings nicht zu. Zwei anständige Jungs boten mir jeweils rund 50 000 Dollar an, aber seien wir ehrlich. Meine monatlichen Anwaltskosten beliefen sich auf 300 000 Dollar, und diese Beträge würden stetig steigen, sobald ich im Stadtgefängnis von Los Angeles einträfe.

Die Typen in meiner Gefängniszelle stellten gewaltige Gesundheitsrisiken dar. Eine fiese Harnwegsinfektion und chronisch-progressive MS waren ein Scherz im Vergleich zu den Krankheiten dieser Jungs: Aids, alle denkbaren Formen von Hepatitis, Syphilis, Bronchitis und so weiter. Unübertroffener Sieger war ein Typ mit offener, chronischer Tuberkulose, der kaum drei Meter entfernt in der angrenzenden Zelle untergebracht war. Das wäre alles nicht so schlimm gewesen, wenn mir im Jahr 2006 in Caracas nicht ein Schwerkrimineller bei einem Mordversuch die Milz weggeschossen hätte. Als Folge davon war nämlich mein Immunsystem nicht in der Lage, die genannten Krankheiten zu bekämpfen. Ergebnis: Würde ich mich bei einem meiner Zellengenossen anstecken, würde ich sterben. Angesichts meiner Umstände und Perspektiven, wäre das vielleicht gar keine so schlechte Idee gewesen. Aber die Vorstellung, langsam und unter Schmerzen in diesem Loch zu verrecken – und das Ganze konnte sich gut und gerne über ein Jahr hinziehen –, war mir ehrlich gesagt kreuzzuwider.

Die Vorstellung, 225 Jahre in einem amerikanischen Gefängnis zu verbringen, und zwar ohne Aussicht auf Bewährung und in Gesellschaft brutalster Schwerkrimineller und Gangmitglieder, erheiterte mich auch nicht gerade. Und genau diese Möglichkeit würde mit 99,99-prozentiger Wahrscheinlichkeit eintreten. Mein Sohn hatte aufgehört, mit mir zu kommunizieren. Meine Exfrau sagte meinen Anwälten, sie könne absolut nichts tun. Meine Mutter war schwerkrank und würde wohl nicht mehr lange leben. Mein Vater hatte in 25 Jahren kein Wort mit mir gewechselt. Ja, ich hatte drei großartige Freunde: Jürgen, Daniela und Michael. Aber sie hatten kein Geld. »Warum zum Teufel sollte ich weiterleben wollen?«, fragte ich mich.

Allerdings war ich viel zu rational, um depressiv zu sein. Ich nahm den azurblauen toskanischen Frühlingshimmel wahr und die Tauben, die über den zementierten Gefängnishof flogen. Aber ich war es leid, nichts anderes als Mauern und Gitter zu sehen und ständig Erpressungsversuche abwehren zu müssen. Ich war niedergeschlagen, weil ich so viele Prozesse und Berufungsverfahren verloren hatte. Was mir wirklich zu schaffen machte, war, dass meine Chancen sehr schlecht standen. Rein rational betrachtet, war es mir lieber, mit einigen wunderbaren unzerstörten Erinnerungen zu sterben, als mit Multipler Sklerose langsam dahinzusiechen, einsam und verlassen in einem anderen Höllenloch, nur dass es sich in Amerika befand.

Welches war also die beste Methode, um dem Ganzen ein Ende zu setzen? Wer Geld hatte, konnte sich in einem italienischen Gefängnis praktisch alles beschaffen. In meinem Fall waren das zumeist spitzenmäßige kubanische Zigarren. Einigen privilegierten Mitgefangenen gelang es sogar, Golden Triangle Opium zu besorgen, eine sehr reine Mohnpaste, die man auf der Straße praktisch nicht bekam.

Wie schwierig würde es sein, Pentobarbital, Depronal oder irgendeine andere fiese Giftpille zu bekommen? Es ist nicht leicht, aber ein paar tausend Euro wären bestimmt genug, um sich selber auf relativ schnelle und schmerzlose Weise aus einem schlecht gemanagten und extrem korrupten Hochsicherheitsgefängnis wie Pisa ins Jenseits zu befördern.

März 2015, Frankfurt

Im März 2014 stand ich vor der ultimativen Entscheidung: Leben oder Tod. Ein Jahr ist vergangen, seit ich ernsthaft über Selbstmord nachgedacht habe; seit ich den absoluten Tiefpunkt in meinem Leben überwunden habe. Ich entschied mich für Leben und Glauben, und seit jenem Augenblick wurde ich mit Kraft, einer erfüllenden Mission und einer moralischen Verpflichtung gesegnet, anderen mitzuteilen, wie sie Angst und Verzweiflung überwinden und selbst in der elendesten Situation Hoffnung finden können; wie sie vielleicht sogar Wunder erleben können, indem sie einfach jeden Tag einige Minuten in einem kleinen blauen Büchlein lesen. Willkommen zu meiner kleinen Reise des Glaubens, des Leids, der Freude und Liebe. Willkommen zu Gnade und Hoffnung.

Kapitel 1:

Von den Wirren des Exils in die Mühlen des italienischen Justizsystems

März 2013, Deutschland/Italien

Ich fuhr in einem äußerlich unauffälligen, aber getunten Audi-Kombi, der 270 Sachen Spitzengeschwindigkeit schaffte, von München nach Florenz. Ich war auf dem Weg, meinen Sohn Conrad und Mikaela, die Liebe seines Lebens, zu treffen. Die beiden jugendlichen Liebenden wurden von meiner Exfrau als Anstandsdame begleitet. Mein kleiner Ausflug begann in Berlin, wo ich mir in einer Talkshow ein argumentatives Wortgefecht mit Sahra Wagenknecht, Deutschlands wortgewandtestem Shootingstar der politischen Szene lieferte. Meine nächste Station war Frankfurt – wo ich während meines fünfjährigen Exils aus der Welt des Mammons, der Eitelkeit und falscher Vorstellungen oft gewesen war –, um meiner Mutter einen Besuch abzustatten. Danach ging es weiter nach München, wo ich diesen Typen namens Josef Resch traf, der eine 1,5 Millionen schwere weltweite Kopfgeldjagd organisiert hatte, um mich im Namen seiner Kunden, die es vorzogen, inkognito zu bleiben, festzusetzen. Die Hatz rund um den Globus war offiziell beendet, daher hatte Resch wenig Anreiz, mich in Bayern zu inkommodieren. Unabhängig davon war dieser Typ gefährlich. Er hatte mich im chilenischen Ort Puerto Mont und in Paris fast drangekriegt. Das ehemalige bulgarische Hausmädchen meiner Mutter und ein ehemaliger Geschäftspartner namens Ulrich Z. standen auf seiner Gehaltsliste.

Um ein etwas normaleres Leben führen zu können, musste ich jedoch mit möglichst vielen meiner Feinde das Kriegsbeil begraben. Ich hatte mit meinen eigenen Leuten genügend Recherchen über Josef Resch angestellt, und das abschließende Urteil lautete, dass er sein Wort hielt. Er versprach fast nie etwas, aber wenn er es tat, hielt er zuverlässig Wort. Er würde mir keine Falle stellen. Also dachte ich: »Was soll's, ich kann diesen Bluthund treffen.« Im vorhergehenden Jahr war ich auf einer langen Friedensmission mit einer umfangreichen Liste an Feinden in Russland, London, Spanien und Deutschland gewesen, darunter einige wesentlich gefährlichere Elemente, wie zum Beispiel diverse Oligarchen und einige furchterregende unabhängige Agenten. Selbst Mitglieder der Frankfurter Sektion der Hell's Angels hatten sich an der weltweiten Jagd auf meinen Kopf beteiligt und meinem besten Freund vor einigen Jahren einen »intensiven« Besuch abgestattet, um »Informationen zu sammeln.«

Ich wollte Frieden, meine Rechtsprobleme lösen, ein Vater sein, meine Exfrau um Vergebung bitten und mit meinem restlichen Leben etwas Sinnvolles tun. Mein Vermögen war auf weniger als ein Prozent meines Vermögens zu Spitzenzeiten – 600 Millionen Euro im Jahr 2007 – geschrumpft, aber das war immer noch genug, um vernünftig und ohne allzu großes Kopfzerbrechen zu leben. Dazu kamen mittlerweile mehr als 20 Mio. Schweizer Franken, die mein Schweizer Treuhänder einige Zeit »verlegt, vergessen oder verloren« geglaubt hatte, und die Dank der Staatsanwaltschaft wieder ausfindig gemacht worden sind. Für diese exzellenten Ermittlungsleistungen bedanke ich mich aufrichtig und besonders herzlich bei Staatsanwältin de Falco Haldemann und ihren Wirtschaftsanalysten.

Die Medien nannten mich einen *Milliardenbetrüger*, den *deutschen Madoff* und einen *Gesetzesflüchtigen*. In meinem Berufsleben war ich schon oft mit allen möglichen Namen bedacht worden: *Der Plattmacher, Aktienkurskiller, Der Pate von Mallorca* und sogar *der Antichrist der Finanzen*. Was meine Intelligenz allerdings mehr als jeder noch so absurde legale Vorwurf beleidigte, war die Bezeichnung *Flüchtling*. Sicher, ich benutzte damals ein Alias, aber wenn man als Folge eines Mordversuchs im zwölften Wirbel eine Kugel stecken, eine weltweite Kopfgeldjagd überlebt und Krieg gegen einige der reichsten und niederträchtigsten Männer der Welt geführt hat, war es wenig sinnvoll, sich auffällig zu verhalten, geschweige denn mit einem Namensschild durch die Gegend zu laufen. In den Jahren 2006 und 2007, mitten in unserem Scheidungskrieg, hatte selbst meine Exfrau Detektive auf mich angesetzt, um verstecktes Vermögen und Liebesaffären aufzuspüren. Wenn einige deiner durchgeknallteren Feinde eine Privatarmee, Kontakt mit der Unterwelt und/oder die Unterstützung von offiziellen Geheimdiensten haben, scheint mir eine zweite Identität eine ziemlich clevere Idee zu sein.

Ungefähr seit Anfang der Neunziger bis zum Jahr 2007 war ich eine öffentliche Figur und für viele leichtgläubige Medienkonsumenten die Inkarnation des teuflischen Kapitalismus. Gut, ich war ein Leerverkäufer und eine sogenannte »Heuschrecke«, aber ich war auch der größte Spender für Liberia und Risikokapitalgeber für vielversprechende medizinische Unternehmen und Internet-Startups mit höchst anspruchsvollen ethischen Standards. Von 2004 bis 2006 rettete ich sogar Borussia Dortmund, einen der Spitzenfußballvereine Europas, vor der Pleite. Einen bankrotten, aber berühmten Fußballverein wieder profitabel zu machen, war sehr unterhaltsam, trotz einiger Todesdrohungen, die ich von wutentbrannten BVB-Fans erhielt. Vor der Aufräumarbeit und der Rückkehr zu geordneten Finanzen hatte das Management den Markennamen BVB für einen Kredit über zwanzig Millionen Euro an einen ziemlich reichen Typen verhökert. Was mich betraf, hätte er den Namen behalten können und wir hätten den Verein umbenannt. Damit hätten wir mit einem Federstrich und einem simplen Fax zwanzig Millionen Euro eingespart. Drei Millionen BVB-Fans gingen jedoch auf die Barrikaden. Die Hardcore-Hooligans bedrohten uns am Telefon und sandten Drohbriefe. Und? Wenn ich irgendetwas von der dunklen Welt gelernt hatte, dann, dass Profis niemals drohen; sie machen einfach ihren Job. Daher war ich ziemlich entspannt. Der Turnaround des Vereins war ein Riesenerfolg und der Aktienkurs legte um 700 Prozent zu. Der Verein konnte sogar seinen Namen behalten. Die Todesdrohungen hörten auf und der Antichrist der Finanzen war für dieses eine Mal zum Retter einer guten Sache geworden.

Die Medien müssen aber dramatisieren und einseitig berichten, um Aufmerksamkeit zu erzielen. Vergessen Sie ausgewogene Porträts oder journalistische Integrität. Pure Schwarz-Weiß-Malerei. Für Nuancen ist in der Sensationspresse kein Platz. Die Botschaft muss schlicht und möglichst vulgär sein, um richtig viel Aufmerksamkeit zu erregen. Die Hälfte dieser Journalisten sind Berufsdilettanten mit gesunder Halbbildung, die selber entweder gar nicht oder nur oberflächlich recherchieren, so wie auch die meisten Finanzinvestoren. Damit konnte ich leben. Schließlich sind »weltliche Gerechtigkeit« und »faire Berichterstattung« ein Widerspruch in sich.

Aber *Gesetzesflüchtling*? Dieser Ausdruck war eine Beleidigung meiner Intelligenz, um nicht zu sagen, fast schon idiotisch. Nur wenige Monate nach dem Ende des liberianischen Bürgerkriegs im Jahr 2003 begann ich für zwei Ministerien als Sonderbotschafter zu arbeiten. Während meines Exils (2007-2013) setzte ich in der liberianischen Botschaft von

Paris meine Arbeit für Liberia und die UNESCO fort. Ich hatte einen offiziellen französischen Ausweis für meine Aufenthaltserlaubnis, auf dem meine Adresse stand. Jeder drittklassige Detektiv hätte mich im französischen Behördensystem ausfindig machen können. Oft genug tauchte ich in der Botschaft auf. Und ich stand sogar auf der offiziellen Website der UNESCO in Paris. Der letzte Idiot hätte mich in Paris aufspüren können. Resch, der Privatdetektiv und Kopfgeldjäger, hatte mich auch gefunden, bekam mich aber trotz seines Aufgebots nicht zu fassen.

Im Jahr 2008 verteidigte ich mich erfolgreich gegen eine Klage, die im US-Bundesstaat Colorado gegen mich erhoben worden war. Im Jahr 2009 war ich Hauptzeuge in einem millionenschweren öffentlichen Rechtsstreit zwischen zwei Unternehmen in Düsseldorf. Zwischen 2009 und 2013 war ich mehrmals in die Schweiz gereist, um mich freiwillig den Befragungen eines Schweizer Staatsanwalts zu unterziehen. Im Jahr 2012 verteidigte ich mich offiziell sowohl gegen eine Klage der amerikanischen Börsenaufsicht SEC in Washington als auch im Rahmen eines Unternehmensprozesses in New York. Ich trat im öffentlichen Fernsehen vor Millionen Zuschauern auf und gab ausführliche Zeitungsinterviews. Flüchtlinge machen so etwas nicht; sie verstecken sich. Sie unterziehen sich keiner Befragung, sie treten nicht im Fernsehen auf und verteidigen sich nicht vor Gericht. Sie meiden das Gesetz und die Öffentlichkeit. Sie stellen sich nicht. Und das macht sie zu Flüchtlingen.

Bis zum Tag meiner Festnahme hatte ich 53 Jahre und 153 Tage in Freiheit verbracht. Jeder, der mit mir in Kontakt treten wollte, konnte mich über meinen Anwalt oder die liberianische Botschaft erreichen. Anfang 2013 war ich in die Öffentlichkeit zurückgekehrt und fühlte mich relativ sicher. Ich hatte begonnen, mich wie ein ziemlich normaler Mensch zu verhalten. Im Rückblick erscheint das ziemlich dumm. Am 8. März 2013, 48 Stunden, nachdem die USA eine weltweite Fahndung über Interpol ausgegeben hatten, wurde ich von Italiens Elite-einheit *Squadra Mobile* festgenommen.

Doch wieso sollte ich ein *Gesetzesflüchtling* sein, nachdem ich am 18. September 2007 von meinem beruflichen Posten zurückgetreten war? Ich entschied mich für das Exil und beschloss zum ersten Mal, ein privates, nicht-öffentliches Leben zu führen. Ich bin nicht geflohen. Ich habe mich aus offensichtlichen Gründen vor meinen Feinden versteckt. Aber Anfang 2013 stellte ich mich den Rechtsvorwürfen, war bestrebt, mich mit meiner kleinen Familie auszusöhnen, mich für wohltätige Zwecke zu engagieren und mit einigen handverlesenen Freunden wieder Kontakt aufzunehmen. Ein Flüchtling? Nein, das war ich nicht!

Showdown in den Uffizien

»Das wahre Kunstwerk ist nur ein Schatten der göttlichen Perfektion.«

Michelangelo

Einer meiner Anwälte hatte mir versichert, ich könne bedenkenlos reisen. Laut seiner Auskunft liefen nirgendwo Strafanzeigen gegen mich. Die Verjährungsfrist betrug fünf Jahre und ich hatte diese Frist bereits um sechs Monate überschritten. Was ich nicht wusste, war, dass dieser unfähige Winkeladvokat sein Metier nicht beherrschte und eine Klausel im amerikanischen Finanzgesetz Frank-Dodd-Act übersehen hatte, die Verjährungsfristen für einige Gesetzesverstöße rückwirkend von fünf auf sechs Jahre verlängerte. Zwar hatte ich ausgiebige geschäftliche Beziehungen in die USA aus meiner Zeit am Harvard College, allerdings war ich noch nie mit der amerikanischen

Justiz in Konflikt geraten. Und obwohl meine moralischen Werte vor meiner Wandlung im Gefängnis eher suboptimal ausgebildet waren, hatte ich während meines College-Studiums in einem der berüchtigtsten und gefährlichsten Gefängnisse des Landes – MCI Walpole – als ehrenamtlicher Gefängnisseelsorger gearbeitet und mich um einen mehrfachen Mörder gekümmert, der einst auf der Liste der meistgesuchten Straftäter des FBI gestanden hatte und nach der Schießerei bei einem Banküberfalls einsaß. Wer hätte damals gedacht, dass ich einmal auf derselben FBI-Liste stehen würde, wie mein Schützling Jean Christian? Einer meiner Professoren an der Harvard Business School und ein echtes Genie, bemerkte einmal sehr scharfsinnig, als er mich nach einem intensiven Partywochenende sah, an dem ich mich mit Koks zugedröhnt hatte, dass ich entweder Milliardär werden oder im Gefängnis landen würde. Nun, ich habe beides geschafft.

Ich musste mich um zwei Klagen in Deutschland kümmern, und war infolgedessen wesentlich besser mit europäischem Recht vertraut als mit den amerikanischen Gesetzen. Tatsächlich war mein polizeiliches Führungszeugnis zum Zeitpunkt meiner Verhaftung blütenrein. Eine Anzeige wegen eines Gesetzesverstoßes und eine zur Bewährung ausgesetzte Verurteilung waren inzwischen gelöscht worden.

Rückwirkende Gesetzesänderungen, die in konsolidierte Rechtsbestände eingreifen, gibt es in Europa einfach nicht. Das gilt als eine Verletzung der Rechtssicherheit und ist verfassungswidrig. Ich hätte aber gewarnt sein sollen. Ich kannte die amerikanischen Gesetze zum Abhören von Telefongesprächen, die rückwirkend geändert worden waren, damit Tausende von amerikanischen Staatsbeamten nicht einer schweren Straftat angeklagt werden konnten. Dies wäre der Fall gewesen, wären die Gesetze nicht im Nachhinein mit rückwirkendem Effekt geändert worden, das heißt, nach der Durchführung massenhafter illegaler Abhörmaßnahmen.

Zudem konnte ich mir damals ziemlich zuverlässige Daten über Verhaftungen beschaffen. Diese Daten wurden mir einmal im Monat, und zwar zur Monatsmitte, mitgeteilt. Ich traue keinen verbalen Versicherungen von Rechtsanwälten – um ganz genau zu sein, vertraue ich überhaupt keinen Versicherungen, egal von wem sie kommen – mit Ausnahme Gottes, der Heiligen Muttergottes und Jesus. Die Daten waren allerdings sehr beruhigend, also dachte ich, mein Anwalt hätte seinen Job gemacht. Ich hatte ihn bei mindestens drei verschiedenen Gelegenheiten gedrängt, die Verjährungsfristen mehrerer Länder zu überprüfen, einschließlich der USA. Er sagte mir, er habe seine Hausaufgaben gemacht und ich solle »nicht so paranoid sein, mich entspannen und beginnen, ein normaleres Leben zu führen.« Und ich kaufte ihm diesen Bullshit ab. Zumeist reiste ich ohne meine Leibwächter, mit meinem eigenen Pass und quartierte mich in einem Vier-Sterne-Hotel in Verona unter meinem eigenen Namen ein. Die vorhergehenden fünf Jahre war ich stets mit leichtem Handgepäck gereist: höchstens drei Outfits. Und sollte ich irgendwas brauchen, kaufte ich es mir an Ort und Stelle. Im Jahr 2013 war mein einziger Reisebegleiter ein kleines Büchlein mit dem Titel *Our Lady's Message of Mercy to the World*. Frauen kamen und gingen, abhängig davon, wo ich gerade lebte. Solange ich einer 1,5 Millionen Euro schweren Kopfgeldjagd ausgesetzt war, konnte ich keine offene und aufrichtige Beziehung eingehen. Meine einzige Vorsichtsmaßnahme in Florenz bestand darin, dass ich in keinem Hotelregister auftauchte und mindestens 100 Kilometer vom Stadtzentrum entfernt wohnte. Ich freute mich darauf, meinen talentierten Sohn und seine superkluge Freundin zu sehen, die von meiner Exfrau Susan begleitet wurden.

Ich war schon früh in Florenz eingetroffen und lief an einem dunklen, kalten und feuchten Spätwintermorgen nervös in der Stadt umher. Susan sollte die Eintrittskarten für das Museum mitbringen. Wir wollten uns in Italiens berühmtestem Kunstmuseum treffen, unseren kulturellen Horizont erweitern und anschließend richtig gut essen gehen. Die

Uffizien gehören zu den besten und berühmtesten Museumsgalerien der Welt. Zu den ausgestellten Exponaten zählen Werke von herausragenden Künstlern wie Leonardo DaVinci, Rembrandt, Botticelli und Michelangelo, die von mehr als 1,5 Millionen Besuchern pro Jahr bestaunt werden. Ich freute mich sehr auf Albrecht Altdorfers berühmtes Gemälde mit dem Titel *Florianslegendenszene mit dem Brückensturz*, das seit 1914 zur Dauersammlung der Uffizien gehört.

Als wir uns vor dem Museum trafen, schien auf den ersten Blick alles in Ordnung zu sein. Die Atmosphäre war soweit angenehm. Conrad und Mikaela machten einen sehr verliebten Eindruck und Susan wirkte nicht so, als wolle sie mir den Kopf abreißen, trotz des Kummers, den ich ihr in der Endphase unserer Ehe bereitet hatte, und trotz der Repressionen, denen sie aufgrund des Umstands ausgesetzt war, dass sie fast zwei Jahrzehnte meine Ehefrau gewesen war. Gegen halb zwei am Nachmittag hatten wir unsere Besichtigungstour fast beendet und befanden uns gerade in dem Teil, in dem die alten holländischen Meister ausgestellt waren, als ich plötzlich von fünf unrasierten, muskelbepackten Männern mittleren Alters umstellt wurde, die mich von Conrad, Susan und Mikaela isolierten und mir in Nullkommanichts Handschellen anlegten. In Conrads und Susans Gesichtern spiegelte sich eine Mischung aus Schock und völligem Unglauben wider. Bevor Conrad, Susan und Mikaela richtig begriffen, was geschah, drängten mich die fünf durchtrainierten, nicht gerade sanftmütig wirkenden Agenten die Treppen hinunter in Richtung eines Autos, das mitten im Museumshof geparkt war. Als allgemeine Vorsichtsmaßnahme trug ich selten etwas bei mir – weder einen Ausweis noch Kreditkarten, nicht einmal meine Autoschlüssel –, wenn ich Leute aus meiner Vergangenheit traf. Das war der gute Teil.

Diese Typen hatten exzellente Fotos und Personenbeschreibungen, die ihnen zweifellos meine amerikanischen »Freunde« hatten zukommen lassen. Meine Körpergröße von 2,03 Metern, die dunkelblonden Haare und meine hellen Augen machten es mir schwer, mich zu verstellen oder meine Identität zu verleugnen. Im Nu fand ich mich auf dem Rücksitz einer dunkelgrauen Limousine wieder, eingeklemmt zwischen zwei Agenten, während wir auf die sehr unauffällige Hauptzentrale Italiens bester Eliteeinheit zusteuerten. Diese Typen waren absolute Profis und machten einen exzellenten Job. Ich bezweifle, dass irgendjemand der vielen Hundert Museumsbesucher das kurze Intermezzo mitbekommen hatte. Diese Agenten waren wirklich einsame Spitze.

Zu keinem Zeitpunkt wendeten sie Gewalt an, sie waren sogar recht höflich. Als wir ankamen, spielten zwei von ihnen das Spiel des guten und des bösen Polizisten und sagten, es wäre sehr vorteilhaft für mich, wenn ich kooperieren und ihnen sagen würde, wo sich mein Auto, meine Ausweispapiere und meine anderen Habseligkeiten befänden. »Keine Chance. Vergesst es!«, dachte ich. Während sie also versuchten, mich einzuschüchtern und die Dinge schlimmer zu machen, als sie sowieso schon waren, sagte ich: »Meine Herren, verschwenden Sie nicht Ihre Zeit. Ich will einen Anwalt.« Daraufhin drehte sich der böse Polizist zum guten Polizisten um und sagte auf Italienisch: »Nalini, weißt du was? Scheiß auf den Bluff. Dieser Typ ist kein Anfänger. Bringen wir es hinter uns, schaffen wir ihn nach Sollicciano, und dann trinken wir bei Mario's einen Espresso und organisieren die Pressekonferenz.« Als mich diese Gentlemen an dem Ort absetzten, der als eines der schlimmsten Gefängnisse Norditaliens bekannt ist, gaben sie mir zum Abschied noch einen kleinen Ratschlag mit auf den Weg. »Hör gut zu, *Tedesco*, wir sind nett, aber da, wo du jetzt hingehst, sind sie nicht so nett. Pass auf, dass dich keiner von hinten angreift und im Übrigen, *bocca lupo*« – was im ironischen Sinne »viel Glück« bedeutet. Ich sagte nur: »*Grazie, signori*«, da ich nicht die leiseste Ahnung hatte, dass ich drauf und dran war, in einen der italienischen Vorhöfe zur Hölle hinabzusteigen. Das war der offizielle Beginn meines fünfzehnmonatigen Martyriums.

In bocca al lupo – willkommen im italienischen Haftsystem

Das Gefängnis von Sollicciano ist das größte Gefängnis der Stadt Florenz. Es wurde vor gerade einmal 32 Jahren erbaut, befindet sich aber bereits im fortgeschrittenen Zustand des Verfalls. Die italienische Regierung hält ihre Gefängnisse einfach nicht instand, wie es den europäischen Standards entspricht. Zur organisatorischen und administrativen Unfähigkeit der Regierung kommen die Abnutzung und der Verschleiß aufgrund chronischer Überfüllung. Dieses Drecksloch war ursprünglich auf 447 Insassen ausgelegt. Als ich ankam, hausten dort mehr als 1 000 Gefangene. In den Zellen, die 1983 gemäß den europäischen Standards für Menschenrechte auf drei Insassen beschränkt waren, sind heute zwischen sechs und neun Inhaftierte untergebracht. Fast alle Fenstergitter sind verrostet, und der billige Zement, der für den Bau des Gefängnisses verwendet wurde, ist verrottet. Vielleicht war das Gefängnis irgendwann einmal halbwegs menschenwürdig, aber der fortgeschrittene Verfall und die 223-prozentige Überbelegung verliehen ihm einen apokalyptischen Charakter. Erschwerend kommt hinzu, dass rund 40 Prozent der Inhaftierten noch nicht einmal der Prozess gemacht wurde. 40 Prozent der Häftlinge sind Ausländer, darunter rund ein Drittel Moslems. Ungefähr die Hälfte aller Insassen sind praktisch Analphabeten.

Der Europäische Gerichtshof für Menschenrechte hat Italien zu Geldstrafen von mehreren Milliarden Euro verurteilt, falls die Regierung nichts gegen diese Zustände unternimmt. Die unabhängige Onlinezeitung *EU-observer* konstatierte im Jahr 2014:

»Die Missstände sind so gravierend, dass der Europäische Gerichtshof für Menschenrechte in einem kürzlich erfolgten Piloturteil gegen Italien spezielle Aufmerksamkeit auf die Untersuchungshaft als Quelle der dramatischen Überbelegung richtete und die Haftbedingungen als systemisch inhuman und entwürdigend einstufte. Ein solches Urteil ist für einen EU-Mitgliedsstaat besonders peinlich.«

Gefängnis in Florenz, Sollicciano

Selbst das berüchtigte brasilianische Haftsystem mit seiner Überbelegungsrate von 163 Prozent ist deutlich besser als Sollicciano, wo sich 60 Häftlinge für 45 Minuten am Tag zwei funktionierende Duschen teilen. Grundlegende Dinge wie Kopfkissen und Bettlaken sind Mangelware. Es gibt keine Toilettensitze. Zu den Außenflächen gehört ein Fußballfeld. Das ist schön. Ob man es jemals benutzen kann, ist allerdings eine andere Sache, denn das hängt im Wesentlichen von den unberechenbaren Launen der soziopathischen, allmächtigen Gefängniswärter ab, die die Häftlinge üblicherweise nach der Manier menschenverachtender, sadistischer Sklaventreiber behandeln.

Die Mitglieder der *Squadra Mobile* hatten den Nagel auf den Kopf getroffen. Die Gefängniswärter von Sollicciano verhielten sich mehrheitlich schwer beleidigend und waren völlig ungebildete, rohe und gewaltbereite Typen. Viele hielten sich für witzig und cool, wenn sie mich mit »Heil Hitler« grüßten. Korruption, Selbstverstümmelungen, gewalttätige Auseinandersetzungen, Selbstmordversuche und Drogenmissbrauch waren unter den Häftlingen an der Tagesordnung. Nichts davon sollte eine Überraschung sein. Ein Bericht des Europarats aus dem Jahr 2014 belegte, dass in Europa nur serbische Gefängnisse noch schlimmer und überfüllter sind als italienische Gefängnisse (die im Schnitt zu 146 Prozent überbelegt sind). Die Überfüllungsquote des Gefängnisses von Sollicciano überstieg allerdings selbst die Quote der durchschnittlichen italienischen Gefängnisse um mehr als 50 Prozent. Im Übrigen war es wesentlich heruntergekommener. Das war alles schon übel genug, aber es sollte noch schlimmer kommen. Mangel an Gefängnispersonal gab es nicht: Auf rund 1 000 Häftlinge, die wie Schlachtvieh behandelt wurden, kamen ungefähr 600 Wärter.

Allahu Akbar – als weißer Christ unter Moslems

»Segne alle, die gastfreundlich sind. Sorge dafür, dass es auch einen Platz für alle Armen und Reisenden gibt.«

Mutter Teresa

Nun habe ich es also in ein Gefängnis geschafft. Ich bin nicht mehr einer dieser taff auftretenden Möchtegerns, die neben ihrem Studium an einer Elite-Universität schreckenerregende Massenmörder in einem Hochsicherheitsgefängnis seelsorgerisch betreuen. Ich bin Häftling in einem der schlimmsten Gefängnisse Italiens, das zu den schlimmsten Haftanstalten Europas gehört und auf jeden Fall eines der überfülltesten und fiesesten Gefängnisse der entwickelten Welt ist. Und ich komme nicht raus. Das war kein böser Traum, sondern sehr real.

Der Medienhype um meine Verhaftung war noch größer als die Hysterie nach meinem plötzlichen Rückzug aus der Welt des Mammons und der Vermögensmaximierung im September 2007. Die Italiener lieben Skandale und Seifenopern noch mehr als die Deutschen oder die Amerikaner. Der tiefe Fall aus den luftigen Höhen des Ruhms und des Reichtums verursacht schlichten wie weniger schlichten Gemütern auf der ganzen Welt eine sensationslüsterne Gänsehaut. Alle großen italienischen Fernsehkanäle, Radiostationen und Zeitungen berichteten über den brillanten Coup der italienischen Eliteeinheit, die »Deutschlands Madoff« alias »den Mann, der 200 Millionen betrogen hat« in den berühmten Florenzer Uffizien festgesetzt hatte. Mit Ausnahme einiger schwachsinniger Typen wussten bald alle Häftlinge in Sollicciano, wer ich war. Das war besonders unangenehm, weil der Umstand, viel Geld zu besitzen, in einem Land der Diebe, Mörder und verzweifelten Seelen, die von gierigen und korrupten Wärtern beaufsichtigt wurden, nichts Gutes für mein Seelenheil und meine persönliche Sicherheit verhießen. Mir war sofort klar, dass ich ein wunderbares Ziel für Schutzgelderpressung, alle Formen von Gewalt und möglichen sexuellen Missbrauch abgeben würde, sobald ich zu meiner Zelle geführt wurde, aber ich hatte keine Vorstellung davon, welche Strafe Gott für mich vorgesehen hatte.

Die ersten drei Wörter, die bei meinem Eintritt in die Zelle in meine Richtung geäußert wurden, waren: »As Salaam Alaikum« – ein Gruß, der von einem hoch aufgeschossenen, konservativ gekleideten 1,90 Meter großen Schwarzen kam. Ich maß ihn kurz, während er mir einen flüchtigen Blick zuwarf, antwortete gleichermaßen respektvoll: »Was Alaikum salaam« und fügte hinzu, »Shukran. Kayfa halak?«, was so viel bedeutet, wie »Danke. Wie geht es Ihnen?« Das war alles, was ich halbwegs verständlich auf Arabisch sagen konnte, obwohl ich mich zuvor und auch während meines Exils in mehreren moslemischen Ländern aufgehalten hatte. Der Mann, der Scheich Suramari hieß und mit dem ich mich später anfreundete, warf mir einen neugierigen Blick zu und fragte mich in fließendem Englisch: »Du bist kein Moslem, oder?«

»Nein, aber ich bin Gläubiger und werde deinen Gott respektieren, weil er auch meiner ist«, antwortete ich glücklich. Ich hatte jemanden gefunden, der Englisch sprach, denn mein Italienisch war zu jenem Zeitpunkt mehr als rudimentär. »Moslem ist nicht gleich Islam«, ging es mir durch den Kopf. Es störte mich nicht im Geringsten, in Gesellschaft von Moslems zu sein. Auf meinen Reisen um die Welt habe ich nirgendwo gastfreundlichere Menschen kennengelernt.

Scheich Suramari schien verblüfft, weil ich in einer Zelle untergebracht worden war, in der ausschließlich Moslems aus dem Nahen Osten und Afrika hausten – um genau zu sein, vier Tiefgläubige und ein weniger religiöser syrischer Schiite. In italienischen Gefängnissen werden die Häftlinge oft nach Glauben, Rasse und Nationalitäten getrennt untergebracht. Marokkaner und Tunesier werden selten in dieselbe Zelle gesteckt; Moslems und Christen werden getrennt, Italiener bleiben im

Allgemeinen unter sich. Auch Albaner und Nordafrikaner werden zumeist getrennt. Es war höchst ungewöhnlich, dass ein weißer Christ, vor allem ein Deutscher, der kaum Italienisch sprach, in eine Zelle mit fünf Moslems kam. Logischerweise dachte Suramari, ich wäre vielleicht auch ein Moslem, wenn auch ein weißer, vielleicht aus dem Libanon, aus der Türkei oder Bosnien, dem Kosovo oder aus Albanien. Vielleicht wollte er mich auch nur provozieren und sehen, wie ich reagieren würde. Innerhalb kurzer Zeit sollte Suramari in Sollicciano mein bester Freund werden und auch einer meiner beiden Beschützer. Mein anderer Leibwächter war Hakim (Spitzname Clever), der, wie auch Suramari, ein Haschdealer der mittleren Ebene war, aus Marokko stammte und unbeugsam wie Kruppstahl war. Clever stand unter Mordverdacht, aber ihm wurde nie etwas nachgewiesen. Beide Männer genossen unter den Häftlingen großen Respekt; Suramari für seine Bildung und seine Kenntnisse des Korans, und Hakim für seine brutalen und sehr effektiven Fertigkeiten im Nahkampf.

Der Umstand, dass ich Deutscher und religiös war, erwies sich als großes Plus. Deutsche werden in moslemischen Ländern im Allgemeinen respektiert. Das liegt zum Teil daran, dass Deutschland, obwohl Alliierter der USA, nicht an allen US-Militäraktionen in arabischen Ländern teilnimmt und sich auch nicht direkt an Angriffen oder der Tötung unschuldiger Zivilisten durch Drohneneinsätze beteiligt. Deutsche sind auch für ihre Zuverlässigkeit und gute Organisation bekannt. Und traurigerweise mögen einige Araber uns nicht zuletzt auch deswegen, weil wir unter Hitler so viele Juden umgebracht haben. Gott sei Dank wussten sie nicht, dass ich einst der finanzielle Strippenzieher hinter der größten jüdischen Online-Partnerbörse, JDATE, war.

Wir waren zu sechst in einer neunzehn Quadratmeter großen Zelle mit drei Stockbetten. Die unteren Betten genießen einen höheren Status und sind zudem weitaus sicherer. Die erste Zelle, in der ich untergebracht war, hatte Dreifach-Stockbetten, keine Fenster und war mit neun Häftlingen belegt. Das bedeutete, derjenige, der ganz oben schlief, befand sich in einer Höhe von mindestens zwei Metern. Jemand, der dich aus irgendeinem Grund nicht leiden konnte, konnte dich im Schlaf leicht aus dem Bett stoßen. Das bedeutete einen freien Fall im Halbschlaf auf harten Betonboden. Das geschah täglich und die Folgen reichten von Prellungen über Knochenbrüche bis zu Querschnittslähmung.

Was mir neben meiner deutschen Nationalität und meinem Ruf als gut vernetzter internationaler Betrüger auch half, waren meine ausgiebigen Reisen nach West- und Nordafrika. Suramari, der aus Gambia stammte, kannte Liberia gut, wo ich 2005 die beste öffentliche Schule gegründet hatte (www.our-school-liberia.com). Hakim stammte aus der marokkanischen Stadt Fes, die ich gut kannte, weil ich während meines Exils mehrere Monate in der Region gelebt hatte. Mit Ausnahme des syrischen Schiiten waren meine moslemischen Mithäftlinge freundlich, hilfsbereit und umgänglich. Sie teilten mit mir ihr Essen, gaben mir Socken, Unterwäsche und sogar ein schönes T-Shirt. Ich kaufte Kochutensilien. Jeden Tag betete ich meinen Rosenkranz, während sie ihre fünf Gebete absolvierten. Außerdem sah ich fern, um Italienisch zu lernen, las in der Bibel oder in der Fibel *Our Lady's Message of Mercy to the World*. Auf seltsame Weise diente mir ihr Glauben als Inspiration, meinen eigenen Glauben aktiver zu praktizieren. Ich wollte nicht weniger fromm sein als meine moslemischen Brüder. Die Stimmung insgesamt war gut in unserer Zelle. Weder Clever noch Suramari hatten je selber die Drogen genommen, die sie verkauften, und sie hatten genug Geld zusammengekratzt, um in Marokko respektive Gambia ein anständiges Haus für ihre Familie zu bauen. Dafür bezahlten sie mit jahrelangen Haftstrafen. Ihren Familien zu helfen, indem sie zerstörerische, suchtauslösende Substanzen verkauften, machte sie nicht gerade zu Heiligen, aber zumindest gab es eine gewisse, wenn auch schwache Basis für Respekt, gegenseitige Unterstützung und im Verlauf der Zeit sogar ein gewisses Vertrauen. Denn eines habe ich während meiner Ausflüge in die Unterwelt auf die harte Tour gelernt: Es ist nicht ratsam, einem Drogenhändler zu vertrauen, aber nie im Leben darf man einem Drogensüchtigen vertrauen.

In einer Zelle mit Moslems eingesperrt zu sein, hatte einen weiteren großen Vorteil. Wir bekamen nie Schweinefleisch serviert, sondern Rindfleisch, Huhn oder Lamm. Besonders Clever war ein hervorragender Koch. Es gab keine Cafeteria, aber die Jungs hatten kleine Bunsenbrenner und einige grundlegende Küchenutensilien. Da sie auch ein wenig Geld besaßen, konnten sie es sich leisten, im Gefängnisladen Gemüse und Gewürze zu kaufen. Daraus fabrizierten sie leckere nordafrikanische Gerichte wie Couscous oder Tajine. Jede Zelle hatte zudem einen kleinen Fernseher und allmählich begann ich die Sprache zu verstehen.

Jeden Morgen und jeden Nachmittag durften wir für zwei Stunden die Zelle verlassen, um in einem kleinen, schmutzigen Gefängnishof, der von zehn Meter hohen Betonwänden umgeben war, herumzulaufen oder uns sportlich zu betätigen. Das heißt, man war mehr als zwanzig Stunden am Tag in einer überfüllten Zelle mit abgebrühten Schwerkriminellen eingesperrt und hatte nichts zu tun, außer fernzusehen. Während andere Häftlinge Sprachkurse machen, ein Gewerbe erlernen oder Fußball spielen durften, war mir von der Gefängnisleitung alles verboten worden, einschließlich der Teilnahme an der Sonntagsmesse. Ich hatte nichts, nur einen Funken Glauben, tolle Erinnerungen und meine Anwälte, die mich mit den grundlegendsten Dingen, wie Bücher, Kleidung und Geld versorgten, damit ich mir im Gefängnisshop etwas kaufen konnte. Angesichts der Tatsache, dass es im Gefängnis selten so grundlegende Artikel wie Seife, Toilettenpapier oder Trinkwasser gab, war ich im Vergleich zu vielen anderen Häftlingen noch gut dran, die kein Geld hatten, um sich wenigstens die nötigsten Dinge zu beschaffen.

Als Underboss unter Psychopathen

»Was ich am meisten fürchte, ist Macht gepaart mit Straf-
freiheit. Ich fürchte mich vor dem Missbrauch der Macht
und der Macht, zu missbrauchen.«

Isabel Allende

Gleich in meiner ersten Woche beorderte mich einer der Gefängnisleiter von Sollicciano in sein Büro, um einige Dinge unmissverständlich
klarzustellen. *Il Commandante* sprach sehr gut Englisch und teilte mir
mit, von den 1 000 Häftlingen würde die Hälfte versuchen, Schutzgelder von mir zu erpressen – genau wie mindestens 100 der Wärter.
Er versicherte mir, er würde mir natürlich helfen, falls ich derartige
Drohungen erhielte. Außerdem ließ er mich wissen, dass er mich gerne
loswerden würde, weil ich für seine Einrichtung ein erhebliches Sicher-
heits-, Gesundheits- und Publicity-Risiko darstellte. Dieser zehnminütige Monolog war so ungefähr der größte Müll, den ich seit Jahren gehört hatte. Jemanden zu verpfeifen, der Schutzgelder von mir erpressen
wollte, wäre der reinste Selbstmord gewesen. Häftlinge tragen ihre Auseinandersetzungen untereinander aus. Diejenigen, die zu den Wärtern
oder dem Gefängnismanagement rennen und petzen, sind sofort und
für immer unten durch und gelten als Freiwild. Innerlich kochte ich.
Ich sagte ihm, ich litte an Multipler Sklerose, bekäme keinerlei Medikamente oder Behandlung und im Übrigen würde mir die Teilnahme
an sämtlichen Aktivitäten verweigert. »Wie wäre es zur Abwechslung
mit einigen Medikamenten? Oder Italienischunterricht?«, unterbrach
ich ihn. Der Gefängnisleiter antwortete kühl: »Was glauben Sie? Meinen Sie, wir wollen Sie hier haben? Wir haben nicht darum gebeten,
dass Sie hierher kommen. Wir wollen Sie in Amerika sehen, und zwar
pronto, so schnell wie möglich. Warum sollten wir wollen, dass Sie sich
hier wohlfühlen? Warum stimmen Sie nicht einfach Ihrer Auslieferung
zu? Die amerikanischen Gefängnisse sind sowieso viel besser.« Bevor er

seinen idiotischen Vortrag beenden konnte, stand ich auf und schickte mich an zu gehen. Nicht an ein derartig brüskierendes Verhalten gewöhnt, machte er eine abfällige Handbewegung, entließ mich mit angewiderter Miene und wies die Wärter an, mich zurück in die Zelle zu bringen.

Drei Tage später wurde ich auf die Krankenstation von Sollicciano verlegt, wo ich einige der schlimmsten Monate meines gesamten unfreiwilligen All-Inclusive-Urlaubs in Italien verbrachte. Ich wurde einer Zelle zugewiesen, in der ausnahmslos schwere Psychopathen untergebracht waren. Das Schlimmste war aber, dass meine neuen besten Freunde nicht nur psychisch krank, sondern auch heroinabhängig und/oder extrem gewalttätig waren. Zwei Junkies stammten aus Kalabrien und einer aus Tunesien. Es verging kaum eine Woche, ohne dass einer von ihnen Blut spuckte – nicht selten als Folge einer bösen Messerstecherei. Die anderen beiden waren, einfach ausgedrückt, mitleiderregende Fälle. Ein Sizilianer litt unter Kleptomanie, Zwangsneurosen und multipler Persönlichkeitsstörung, und der andere war ein freundlicher Obdachloser; ein Alkoholiker, den man auf die Krankenstation verlegt hatte, weil er im normalen Gefängnistrakt ständigen schweren Übergriffen durch seine Mithäftlinge ausgesetzt war. Mario, kleinwüchsig und zerbrechlich, konnte sich einfach nicht zur Wehr setzen, und es gelang ihm auch nicht, Allianzen zu schmieden. Daher wurde er ständig Opfer zahlloser Erniedrigungen.

Ich erkannte sofort, wer der Blockführer der Krankenstation war: Fidelix, ein auffallend muskulöser Nigerianer, der zu Gewalt neigte und ehemaliger Drogenhändler war. Fidelix war ohne jeden Zweifel extrem gefährlich, aber weitaus weniger durchgeknallt als alle anderen Insassen der Krankenstation. Was Fidelix davon abhielt, seine hochneurotischen Zellengenossen einfach umzubringen, war ein übermenschlicher Wunsch, seinen zwei Jahre alten Sohn während eines Freigangs besuchen zu dürfen, und wenn es nur für wenige Stunden wäre. Jeder

Gewaltausbruch würde diese Aussicht zunichtemachen. Zwar war Fidelix von Beruf Schweißermeister, gleichzeitig aber praktisch ein Analphabet. Das war meine einzige Chance, seine Unterstützung zu gewinnen, denn er wollte lesen und schreiben lernen. Innerhalb weniger Tage wurde ich sein persönlicher Englischlehrer. Ich bezweifle, dass es viele italienische Häftlinge gibt, die Sprachunterricht von erfolgreichen Harvard-Akademikern erhalten. Fidelix war für meinen Unterricht dankbar.

Meine Geduld und Fidelix beachtlicher Lernerfolg waren meine Versicherung; ich genoss nicht nur einen ausgesprochenen Schutz, sondern auch die Position des Underbosses der Krankenstation. Das bedeutete, dass mich die übrigen Häftlinge fast mit dem gleichen Respekt behandelten wie Fidelix. Allerdings war das kein Blankoschein für totale Immunität. Es gab genügend Halbidioten, die scharf darauf waren, sich einen Namen zu machen, indem sie mich provozierten und austesteten. Nicht alle Drohungen konnte man einfach ignorieren. Gelegentlich musste ich jemanden disziplinieren, der allzu aufdringlich wurde. Fidelix sorgte stets dafür, dass die Wärter wegsahen, wenn ich meine nonverbalen Disziplinierungsmaßnahmen ergriff, so dass es nie irgendwelche Folgen für mich hatte.

Aus meinen eigenen Beobachtungen und den Erkenntnissen, die mir meine Anwälte verschafften, wurde mir allmählich klar, dass es eine gemeinsame italienisch-amerikanische Strategie gab, die darin bestand, mir das Leben so unangenehm wie möglich zu machen. Das Ziel war, mich dazu zu bringen, freiwillig meiner Auslieferung zuzustimmen, indem man mich möglichst inhumanen Haftbedingungen unterwarf. Ein berühmter italienischer Bankier, der in den Skandal um die Banca dei Paschi di Siena verwickelt war, hauste ganz allein und sicher in einer komfortablen Zwei-Raum-Zelle innerhalb der Krankenstation, während ich jeden Tag fünf Psychopathen in Schach halten musste. Erschwerend kam hinzu, dass die vier Stunden täglicher Hofgang, die mir gesetzlich zustanden, illegalerweise auf weniger als eine Stunde reduziert worden waren.

Das ließ mir 23 Stunden am Tag Zeit, zuzusehen, wie ein Irrer 200 Mal am Tag sein Bett machte, und ein anderer alle zehn Minuten auf die Toilette ging. Gut, damit konnte man umgehen, aber als der Sizilianer begann, meine Zigaretten, meine Süßigkeiten und meine Getränke zu stehlen, war ich bereit, ihn zu massakrieren. Ich hatte grünes Licht von den Wärtern, den Typen für einige Monate ins lokale Krankenhaus zu schicken, aber ich hielt mich zurück. Vor 2010, dem Jahr, in dem ich meinen Glauben entdeckte, wäre die Behebung dieses Problems ohne Rücksicht auf die Zielperson eine Selbstverständlichkeit gewesen. Aber ich wurde allmählich zum Christenmenschen. Gott ist gut. Gewalt war definitiv nicht meine erste Wahl. Fidelix und ich hatten uns diesen Typen vorgeknöpft, wir hatten ihn ernsthaft verbal bedroht. Nichts funktionierte. Wir baten darum, dass dieser Clown verlegt würde, aber die Wärter weigerten sich. Sie liebten Gewalt noch mehr als wir und schlossen Wetten ab, wie lange es wohl dauerte, bis der Sizilianer in ein echtes Krankenhaus verlegt würde, wo man ihn wieder zusammenflicken würde. Dieser Kleptomane ging mir allmählich wirklich auf die Nerven. Die Diebstähle waren eine Sache, aber sein hyperneurotisches Verhalten machte mich ganz kirre. Als ich ihn dabei ertappte, wie er sich an meinen strikt privaten Tagebüchern und Gebetsnotizen zu schaffen machte, war es soweit. Aber anstatt ihm einige Knochen zu brechen oder ihn in Stücke zu reißen, beschloss ich, diesen Psychotiker zu Tode zu erschrecken.

Nur sehr wenige, die mich in Aktion erlebt haben, wissen, wie furchterregend ich sein kann. Es dauert, bis ich die Fassung verliere. Ich bin kein Freund von Gewalt. Dazu greifen nur dumme, ungebildete Menschen. Ich habe kein Problem damit, mich einfach umzudrehen und jemanden, der Streit mit mir sucht, stehenzulassen, aber im Gefängnis geht das nicht. Man kann nirgendwohin ausweichen. Und deswegen muss man sich Respekt verschaffen. Mein einziges Problem bei der Disziplinierung dieses Schwachkopfes bestand in der Frage, wie ich jemandem, der mindestens fünf Persönlichkeiten hatte, beibringen konnte, dass er die Finger von meinen Sachen ließ. Würde diese Botschaft bei allen fünf Persönlichkeiten ankommen, oder würde ich jede einzelne disziplinieren müssen?

Den richtigen Augenblick zum Angriff zu nutzen, war ein Kinderspiel. Ich packte ihn von hinten, als er zum hundertachtunddreißigsten Mal an diesem Tag sein Bett machte und hob ihn in die Luft. Das ist nicht so schwierig, wenn man mehr als zwei Meter groß und ein ehemaliger Boxer und Profi-Basketballspieler ist. Man konnte in seinem Nacken ein leichtes Knacken hören, aber nicht dramatisch; eher so, als wenn einem ein Chiropraktiker den Hals einrenkt. Ich hielt ihn ordentlich im Schwitzkasten und drückte fest zu. Weitere zehn Sekunden und er würde ohnmächtig werden.

Nach ungefähr sechs Sekunden war er rot wie eine Tomate, rang verzweifelt nach Luft und zappelte mit den Beinen. Dann warf ich ihn auf sein Stockbett und drückte ihm sofort meinen rechten Daumen auf den Adamsapfel. Ich ließ ihn wissen, dass ich jeden Augenblick seinen Kehlkopf zerdrücken und ihn ins Nirwana schicken konnte. Und was macht dieser Typ, um mich loszuwerden? Er wehrt sich nicht. Wie ein Truthahngeier begann er sich zu seiner Verteidigung einzukoten und in die Hose zu pinkeln. Ziemlich ungewöhnlich, aber sehr effektiv.

»Genug von dieser Scheiße«, dachte ich, als der Kotgestank unerträglich wurde. Er hielt sich den Hals und ich schlug ihn mehrmals hart ins Gesicht, um ein wenig Verstand in seinen Kopf zu prügeln. An diesem Punkt tat er mir ehrlich leid, wenngleich ich ihm keine irreparablen körperlichen Schäden zufügte.

Überraschenderweise trug diese Schreckenstaktik Früchte. Vielleicht lag das daran, dass seine multiplen Persönlichkeiten in einer Extremsituation intensiver Schmerzen zu einer einzigen verschmolzen, die in der Lage war, lebenswichtige Informationen aufzunehmen und zu verarbeiten. Sobald er wieder Luft bekam, setzte er sich aufrecht hin und starrte mich mit einem höchst seltsamen Gesichtsausdruck an – aus seinem Blick sprach eine bizarre Mischung aus Horror, Traurigkeit, Weisheit und sogar Mitgefühl. Mitgefühl mit mir? Verrücktes Zeug. Da war weder Hass noch Wut. Einige Tränen rollten seine Wangen hinunter. Fidelix, dessen Rückhalt ich bei dieser Disziplinierungsmaßnahme hatte, warf ihm einige Servietten hin, damit er sich die Tränen abwischen konnte.

Ich deutete auf meine Zigaretten, meine Getränke und meine Süßigkeiten und sagte, ohne die Stimme auch nur einen Deut zu erheben: »Stefano. Diese Dinge da«, und zeigte auf meine weltliche Habe, »niemals nehmen! Niemals! Du möchtest was? Frag mich einfach! Hast du verstanden?« Seltsamerweise antwortete dieser Typ scheinbar im Vollbesitz seiner Geisteskräfte: »Ja, Florian.« Ich warf ihm drei Zigaretten hin. Die Junkies erhielten den Befehl, ihn auszuziehen und ihn und seine verschissenen Klamotten sauberzumachen. Für den Rest des Abends verzichtete Stefano darauf, sein Bett zu machen und paffte glücklich vor sich hin. Der Zwerg rannte alle Nase lang auf die Toilette, braute irgendein alkoholhaltiges Abführmittel und mischte es mit vergammelten Trauben, die er irgendwo aufbewahrt hatte. Ich widmete mich der Lektüre einiger Bibelsprüche, in der Erwartung weiterer Diebstähle im Verlauf der Nacht. Aber da täuschte ich mich. »Besser als *Einer flog über das Kuckucksnest*«, sinnierte ich. Ich sagte Stefano und Fidelix »*buona notte*«, und dann war ich auch schon weg und träumte von meiner Exfrau und den Kindern.

Am folgenden Tag bot ich Stefano, dem reformierten Kleptomanen, einige Getränke und Süßigkeiten an und entschuldigte mich aufrichtig dafür, ihm einen solchen Schrecken eingejagt zu haben. Wie Ehrenmänner schüttelten wir uns die Hände. Weder Stefano noch eine seiner weiteren vier Persönlichkeiten bestahlen mich danach je wieder. Auf der anderen Seite war das auch kaum nötig, denn ich versorgte ihn großzügig. Ich war der Underboss. Ich hatte Verantwortung für ihn übernommen, und außerdem konnte ich es mir leisten, ihm zu helfen. Vielleicht war Stefano wesentlich intelligenter und sensibler für andere, als wir ihm zugetraut hatten. Die Wächter waren sichtlich enttäuscht, weil Mario zwei Tage später glücklich sizilianische Bauernlieder trällerte und wir ihm für seine hübschen Melodien Applaus spendeten.

Der Commandante und seine Schergen hatten bei dem Versuch, meinem zunehmend gestörten Geist eine freiwillige Auslieferung als gangbare Option schmackhaft zu machen, wenig Erfolg erzielt. Allerdings war es ihnen gelungen, meine Wut zu steigern. An diesem Punkt war ich aufgrund der anhaltenden Unmenschlichkeit und der täglichen Erniedrigungen eindeutig ein wenig durchgeknallt. Aber zumindest passte ich nun halbwegs zu meiner Umgebung. Das war jedoch nur der Auftakt. Es sollte noch viel schlimmer kommen.

Lieber ein Ende mit Schrecken als ein Schrecken ohne Ende

»Vor Problemen wegzulaufen ist eine Form der Feigheit. Zwar stimmt es, dass der Selbstmord ein Mittel ist, um dem Tod zu trotzen, aber nicht für ein nobles Anliegen, sondern nur, um sich einem Leid zu entziehen.«

Aristoteles

Mein amerikanischer Freund Adam hatte mit den besten Strafverteidigern Italiens und Amerikas gesprochen und das Terrain sondiert, ob sie bereit wären, meine Verteidigung zu übernehmen. Meine Verteidigung gegen das Auslieferungsbegehren würde Gabriele Zanobini übernehmen, der sich einen Namen mit der Verteidigung eines Pharmazeuten gemacht hatte, den die Staatsanwaltschaft für den Serienmörder »Das Monster von Florenz« hielt. Mein zweiter Rechtsanwalt war Professor Mario Zanchetti, einer der herausragendsten Juristen Italiens, der den Vatikan beriet und globale Konzerne wie Novartis verteidigte. Die beiden bildeten wahrscheinlich das mächtigste Verteidigerduo, das man in Italien im Jahr 2013 mit Geld kaufen konnte. Adam hatte auch mit Giulia Bongiorno gesprochen, die Amanda Knox verteidigt hatte, aber mein Italienisch und ihr Englisch waren nicht gut genug, als dass eine effektive Kommunikation möglich gewesen wäre.

Adams Recherchen in den USA brachten einen brillanten und sehr erfahrenen amerikanischen Strafverteidiger hervor: Jan Handzlik. Jan hatte in verschiedenen Fällen publicityträchtiger Weiße-Kragen-Kriminalität diverse Siege gegen das Justizministerium errungen und somit eine astreine Erfolgsbilanz aufzuweisen. Zu seinen Mandanten gehörten zudem Europäer und Asiaten. Und er kannte sich sehr gut mit den Auslieferungsgesetzen aus.

Jan besuchte mich schon nach wenigen Wochen Haft, hatte seine Vorbereitung jedoch auf das Studium der Anschuldigungen der amerikanischen Börsenaufsicht SEC und des Justizministeriums beschränkt. Er besuchte mich in Sollicciano, aber nach unserem Gespräch war ich tief deprimiert. Jan hatte seine gesamte Zeit damit verbracht, die Anklagepunkte gegen mich zu studieren, aber nie die Argumente der Verteidigung gehört. Außerdem hatte er zahlreiche Auslieferungsverfahren von Italien nach Amerika überprüft. Laut Jans und Marios Recherchen hatte Italien in den vergangenen drei Jahrzehnten jedem einzigen Auslieferungsbegehren in die USA stattgegeben. Er war sicher, dass ich

ausgeliefert werden würde und war angesichts der zahlreichen Anklagepunkte, die gegen mich erhoben wurden, sehr pessimistisch, was meine
Chancen betraf, einen Prozess in Amerika zu gewinnen.

In dieser frühen Phase hatte Jan zugegebenermaßen keine Zeit darauf verwendet, meine Version der Geschichte zu prüfen und zu bewerten, aber
er sagte, die Chancen, dass das Auslieferungsbegehren verweigert würde,
seien gleich null. Bei unserem ersten Gespräch sagte Jan: »Den US-Prozess in allen neun Anklagepunkten zu gewinnen, die jeder für sich genommen eine lebenslange Haftstrafe ohne Bewährung bedeuten könnten, wäre eine sehr große Herausforderung.« Er fügte hinzu, der Ausgang
hinge zum großen Teil davon ab, welcher Richter diesen Fall bearbeiten
würde. Während Jan diese trostlosen Perspektiven vor mir ausbreitete,
schrieb ich die folgenden Zeilen in mein Notizbuch: »Wann und wo?«
Ich ließ Jan noch ein wenig über die amerikanische Rechtsprechung re-
ferieren, bevor ich ihm die einzige relevante Frage stellte, die mir einfiel:
»Was würde mit meinem eingefrorenen Vermögen geschehen, falls ich
sterben würde?« Jan antwortete: »Man kann einem Toten keinen Prozess
machen. Ihr Vermögen würde dann unter Umständen in Ihren Nachlass
übergehen.« An diesem Punkt dachte ich: »Nicht ganz so schlecht. Ich
würde nach einem intensiv gelebten Leben sterben, wenngleich es ein
eher abruptes Ende finden würde. Mit etwas Glück würde ein Teil meines Vermögens in die Taschen meiner Kinder und die Schulen fließen,
die ich in Liberia gegründet habe.« Bestimmt hätte mein Tod auch sein
Gutes. Auf alle Fälle wäre das besser, als in irgendeiner Gefängniszelle an
einer chronisch-progressiven Multiplen Sklerose zu verenden. Ich war
Zeuge des grausamen Verfalls und Todes meiner Schwester gewesen, die
an den Folgen der Komplikationen dieser Krankheit gestorben war, die
sich über ein Jahrzehnt hingezogen hatte. Auf keinen Fall würde ich in
einer völlig entmenschlichten und verrohten Umgebung durch die gleiche Hölle gehen. Wenn ich meinem Leben also ein Ende setzen würde,
wäre das nicht nur finanziell sinnvoll, überdies würde man meine Familie
endlich in Ruhe lassen und viele bedürftige Familien in Liberia würden

davon ebenfalls profitieren. Ich kam zu dem Schluss: »Gut, dann soll es so sein, aber zuerst muss ich das genau durchkalkulieren.«

Wenn es um Entscheidungen von großer Tragweite geht, bin ich längst nicht so impulsiv wie viele meinen. Bevor ich meiner Frau einen Heiratsantrag machte, hatte ich eine mulitvariable Regressionsanalyse durchgeführt. Ich hatte für Investmentzwecke komplexe multidimensionale Bewertungsmodelle entwickelt. Ich hatte lukrative Investitionen und Beraterjobs ausgeschlagen und mich entschieden, für wesentlich weniger Geld für einen der größten Portfoliomanager aller Zeiten zu arbeiten: Peter Lynch von Fidelity. Komplexe Wahrscheinlichkeitsberechnungen, Fuzzy Logic und andere Formen der Analyse waren mir vollkommen vertraut. Von außen mag es zwar so wirken, als schieße ich aus der Hüfte, aber das stimmt nicht.

An jenem Punkt gab es drei Gründe, aus denen ich mein Leben dann doch nicht leerverkaufte. Zwei davon waren Kalkül. Warum Selbstmord begehen, wenn die Leute, die deinen Fall betreuen, ihre Hausaufgaben noch nicht gemacht haben? Der andere Grund war, dass unvorhersehbare Ereignisse zwar äußerst selten sind, aber vorkommen. Die Daten waren unvollständig und reichten noch nicht aus, um eine endgültige Entscheidung zu treffen. Der dritte Grund war weitaus weniger greifbar. Es gibt gelegentlich diese unerklärlichen Ereignisse, die Christen gerne als Wunder bezeichnen.

Der rettende Strohhalm: Botschaften des Glaubens, der Hoffnung und Liebe

»Hoffnung bedeutet, erkennen zu können, dass es trotz aller Dunkelheit einen Lichtblick gibt.«

Desmond Tutu

Mein Exil dauerte vom 18. September 2007 bis zum 13. März 2013, dem Tag meiner Verhaftung in Florenz. An jenem Tag ließ ich die Welt, wie ich sie kannte, hinter mir und behielt kaum Verbindungen aus dieser Zeit. Ich arbeitete weiterhin für Liberia in Paris. Ich stand in regelmäßigem Kontakt mit meiner Mutter. Ich versuchte, für meine Kinder zumindest ein Referenzpunkt zu sein, wenn nicht sogar ein funktionierender Vater. Und ich hatte sporadischen Kontakt zu einer Handvoll Leute, die ich sehr schätze. Seit meinem siebzehnten Geburtstag bis zum Alter von 47 Jahren wollte ich vor allem alles erleben, was die Welt mir zu bieten hatte, und erfolgreich sein, egal für welches Gebiet ich mich entschied. Und das war mir gelungen. Zumindest aus weltlicher Perspektive. Ich war beinahe ein Dollar-Milliardär, war Botschafter gewesen, hatte zwei Harvard-Abschlüsse erworben, war mit einem Dutzend wichtiger Investmentpreise ausgezeichnet worden und repräsentierte mein Land als Profisportler. Ich war in der Finanzwelt bekannt wie ein bunter Hund und hatte mehrere große und wichtige Unternehmen und zwei karitative Organisationen gegründet und finanziert. Mein Leben drehte sich jedoch in erster Linie um mich und meine eigene Person. Meine wohltätigen Engagements basierten im Wesentlichen auf anderweitigen Motiven. Ich war verheiratet und hatte zwei Kinder, war jedoch weder meiner Frau treu noch engagierte ich mich von ganzem Herzen für meine Kinder, denn die meiste Zeit war ich ein abwesender Ehemann und Vater. Familie war für mich ein merkwürdiges Konzept, und mit Glauben konnte ich nichts anfangen. Ich glaubte an mich selbst, meine Ziele und das Streben nach Exzellenz, Abenteuer und Adrenalinschüben. Ein obsessiver Ehrgeiz, Streben nach Eigenbedeutung und die ewige Suche nach dem Kick nährten mein Ego; meine Seele brannte nach Aufmerksamkeit. Auf dem Höhepunkt meines Erfolgs empfand ich jedoch nichts als tiefe Leere und Einsamkeit. Dem Mythos, dass Ruhm, Erfolg und Reichtum glücklich machen, war der Schleier genommen. Der Selbstmord berühmter Menschen ist keine Seltenheit. Ich war an einem toten Punkt angelangt.

Nichts davon überrascht mich heute. Um wie vieles klüger sind wir doch im Rückblick! Im Herbst 2007 machte ich mich auf die Suche nach einem Lebenssinn. Vor allem war ich auf der Suche nach Erfüllung und Glück. Ich wusste, was mich nicht glücklich machte, aber ich hatte nicht die leiseste Idee, was mir Glück und Erfüllung geben würde.

Ich reiste, trieb Sport, feierte Partys, liebte und las. Zu Beginn lebte ich weiterhin wie ein Tycoon und fand zumeist sinnentleerte Ablenkung im Luxus. Ich verkaufte meine Jacht und finanzierte ein Nahrungsmittelprogramm für unterprivilegierte Kinder in Bogotá, ohne persönlichen materiellen Nutzen zu verfolgen. Dann machte ich mit Studenten Rucksacktouren durch die Anden und campierte mit Fremden in der Sahara. Ich lebte in Nordafrika, Frankreich, Indien und Indonesien und machte mich mit verschiedenen Religionen vertraut. Ich fuhr mit dem Motorrad durch Mittelamerika und Mexiko. Ich begann, bereits ein kleines Licht am Horizont zu entdecken, als mir ein ehemaliger irischer Freiheitskämpfer der IRA ein Buch ans Herz legte, das angeblich Botschaften der Gnade der Heiligen Muttergottes in Kolumbien enthielt. Ich kann zwar ausgesprochen analytisch sein, bin aber nicht so starrköpfig, dass ich die geringe Möglichkeit ausschließen würde, dass ein höchst zufälliges Ereignis möglicherweise etwas Bedeutsames bergen könnte. Eher aus intellektueller denn aus spiritueller Neugier studierte ich diese kleine blaue Fibel. Ich wusste, dass sie das Leben mehrerer Menschen verändert hatte, die ich kennengelernt hatte – äußerst gewalttätige Personen, Alkoholiker, Menschen, die extreme persönliche Traumata erlitten haben sowie mehrere ehemalige Berufskriminelle.

Einige dieser Leute befragte und beobachtete ich über zwei Jahre und gelang zunehmend zu der Überzeugung, dass die Botschaften der Heiligen Muttergottes diesen verirrten Seelen wirklich dabei halfen, ein sinnvolleres und erfüllteres Leben zu führen. Ich erlebte das am eigenen Körper. Im Jahr 2012 hatte sich meine Existenz völlig verändert. Ich hörte diesen Botschaften zu und setzte sie um, und zwar beinahe täglich. Ich hörte auf, herumzuhuren, verbannte die Drogen aus meinem Leben. Und ich hatte eine medizinische karitative Einrichtung gegründet, um in der Sahelzone Impfaktionen durchzuführen. Ich stellte mich den Herausforderungen, anstatt ihnen auszuweichen. Ich verteidigte mich gegen eine Zivilklage und eine Klage der amerikanischen Börsenaufsicht SEC. Ich schloss sogar Frieden mit einigen meiner schlimmsten Feinde. Vor allem aber suchte ich die Aussöhnung mit meinen Kindern und flehte meine Frau an, sie möge mir meine Untreue verzeihen. Ich betete und ging regelmäßig in die Kirche. Ich war an der Finanzierung eines Bildungsprogramms für arme Kinder in Chile beteiligt und schrieb einen Bestseller über mein Leben. Alle Autorenhonorare, die aus dem Verkauf dieses Buches stammten, gingen an die Liberianische Schule, die ich 2005 gegründet hatte.

Im Frühjahr 2012 traf ich Olive Dawson, Hauptsprecher der Vereinigung *The Friends of our Lady of Divine Mercy*, und Pater Keith Windsor, einen franziskanischen Priester, der auch als spiritueller Berater arbeitet. Im Herbst 2012 beriet ich diese britische karitative Organisation über die Verbesserung ihrer Medienpräsenz, Fundraising und die Modernisierung ihrer Strukturen, mit dem Ziel, sie dynamischer zu machen. Am 20. März 2013 sollte ich vor dem Vorstand einen ausführlichen Optimierungsplan präsentieren. Dazu kam es nicht, denn am 13. März 2013 wurde ich in Italien verhaftet. So hoffnungslos meine Situation auch schien, ich beschäftigte mich weiterhin mit den Botschaften dieser Organisation. Außerdem lieferte ich ihnen eine komplette Website einschließlich Design und sechzig Seiten Inhalt, die ich allein mithilfe von Papier und Bleistift erstellt hatte.

Meine Arbeit für diese Organisation, regelmäßige Gebete, aber vor allem die Botschaften unserer Heiligen Muttergottes dienten mir als lebenswichtiger Ausgleich für all die negativen Ereignisse, mit denen ich konfrontiert war. Diese Botschaften ermutigten mich, weiterzukämpfen, auch wenn Maria mir unverhohlen mitteilte, ich würde in diesem Leben ein schweres Kreuz zu tragen haben. SIE sagte mir aber auch, SIE würde inmitten meines Unglücks kommen und mir Sicherheit geben. Aus rationaler Sicht betrachtet, war das nicht viel, aber IHRE Botschaften verliehen mir Mut und Kraft, die ich alleine nie aufgebracht hätte. SIE gab mir das Gefühl von Hoffnung und Liebe. Pater Keith Windsor, einer der sieben Engel und Verteidiger der Botschaften unserer Heiligen Muttergottes, wurde während meiner Inhaftierung mein spiritueller Berater und mein Fels in der Brandung. Zweimal besuchte er mich.

Rechtsbeugung mit System:
Fremde Einflüsse und fragwürdige Prozessmethoden

»Die großen Nationen haben sich immer wie Gangster verhalten, und die kleinen Nationen wie Huren.«

Stanley Kubrick

»Herr, hör auf meine Gebete für Richter ... gib ihnen Ohren, um die aufrichtige Wahrheit zu hören ... gib ihnen die nötige Weisheit ... gib ihnen Mitgefühl.«

Mutter Teresa

Innerhalb eines Monats hatten sich Jan Handzlik und mehrere Anwälte zu seiner Unterstützung durch die umfangreichen Unterlagen gearbeitet, die meine angeblichen Straftaten auflisteten. Ihr Feedback war positiv. Tatsächlich war einer der erfahrenen Anwälte, die mit Jan an diesem Fall arbeiteten, der Überzeugung, ich sollte mich dem Prozess in Los Angeles stellen. Er hielt die Chance, dass ich ihn gewinnen würde, für ausgezeichnet. Und Mario Zanchetti war zunehmend positiv gestimmt, was meine Chance einer erfolgreichen Anfechtung der Auslieferung betraf. Das US-Justizministerium hatte nie einen formalen Auslieferungsantrag für den bevorstehenden Prozess gestellt. Dieser Antrag ist das Kernstück eines jeden Auslieferungsverfahrens. Dabei handelt es sich um ein hochoffizielles Dokument, ohne das gemäß der italienischen Gesetze kein Auslieferungsverfahren initiiert werden kann. Unter normalen Umständen hätte das Fehlen dieses zwingend notwendigen Rechtsdokuments bei Gericht meine sofortige Freilassung garantieren müssen. Das ist logisch. Wie kann jemand verurteilt werden, wenn dem Richter weder eine formale Anklageschrift noch die sonstigen erforderlichen Dokumente vorliegen? Das ist so, als würde man zu einer Gerichtsverhandlung gehen, ohne dass der Staatsanwalt eine Anklageschrift verfasst oder überhaupt nur irgendwelche Vorwürfe erhoben hätte. Dann kommt der vermeintliche Angeklagte frei. Immer.

Nun, das galt nicht für mich. Der Richter am Gericht von Florenz gab dem inoffiziellen Auslieferungsbegehren der USA in erster Instanz statt. Dieses Urteil wurde vom Berufungsgericht und dem Obersten Kassationsgerichtshof in Rom – der höchstrichterlichen Instanz Italiens in Zivil- und Strafsachen – bestätigt. Die Gefängnisleitung des Gefängnisses von Pisa ließ mich nicht an meiner Berufungsverhandlung teilnehmen – eine eklatante Verletzung meiner verfassungsmäßig garantierten Grundrechte. Meinen Anwälten zufolge war ich damit der einzige Häftling des italienischen Justizsystems in der Geschichte, über dessen Auslieferung positiv entschieden wurde, ohne dass die Nation, die meine Auslieferung begehrte, überhaupt einen formalen Auslieferungsantrag gestellt hatte. Laut Mario und Gabriele war ich zudem der erste Mandant, den sie jemals vertreten hatten, dem eine Teilnahme an seiner eigenen Berufungsverhandlung verwehrt worden war.

Allerdings war das nicht die einzige Perversion des Rechts. Neun potenziell lebenslange Gefängnisstrafen, die mir in Amerika drohten, waren nach Interpretation des Europäischen Gerichtshofs für Menschenrechte eindeutig weder mit der Europäischen Menschenrechtskonvention noch mit der italienischen Verfassung vereinbar. Der springende Punkt war nicht, ob ich lebenslänglich einsitzen würde, sondern ob ich in Amerika in den Genuss eines formalen und institutionalisierten Bewährungsverfahrens kommen würde. Gemäß der amerikanischen Leitlinien für Strafurteile wäre meine einzige Chance, irgendwann freigelassen zu werden, eine Begnadigung durch den US-Präsidenten. Die Chancen dafür standen 1 zu 10 000. Eine derart unwahrscheinliche Begnadigung gilt gemäß der europäischen Gesetzgebung nicht als zuverlässiges Bewährungsverfahren.

In Italien beträgt die Höchststrafe 26 Jahre, wobei die meisten Häftlinge nach Verbüßung von zwei Dritteln entlassen werden. Nichts dergleichen existierte in meinem Fall in Amerika. Manchmal sind die Angeklagten zu krank, um ausgeliefert werden zu können. Mindestens drei Gefängnisärzte und zwei externe Gutachter bescheinigten, dass ich aus gesundheitlichen Gründen nicht ausgeliefert werden könne und dringend medizinische Behandlung in einer auf Multiple Sklerose spezialisierten Einrichtung benötige. Ich war unter den 80 000 Untersuchungshäftlingen Italiens der einzige, der unter chronischer Multipler Sklerose litt, eine Krankheit, die in Italien und den meisten europäischen Nationen Haftunfähigkeit bedeutet. Meine Anwälte beantragten die Gewährleistung der amerikanischen Behörden, dass ich nach meiner Ankunft in Amerika eine entsprechende medizinische Behandlung bekäme. Das Justizministerium weigerte sich, eine solche Gewährleistung zugeben. Dass mir die Teilnahme an meinem eigenen Berufungsverfahren verwehrt wurde, macht als schwerer Verfahrensverstoß normalerweise das gesamte Verfahren ungültig. War aber nicht so.

Amerikas Einfluss auf das windige italienische Justizsystem und seine beeinflussbaren Richter war und ist viel zu übermächtig. Der vom Obersten Kassationsgerichtshof bestellte medizinische Gutachter, der sich gegen meine Auslieferung ausgesprochen hatte, änderte seine Meinung nur wenige Stunden vor Prozessbeginn und vertrat urplötzlich die Auffassung, meine gesundheitliche Verfassung stünde einer Auslieferung nicht im Wege.

Zur Verhandlung vor dem *Corte Suprema di Cassazione*, dem Obersten Kassationsgerichtshof in Rom, erschien das amerikanische Justizministerium mit zwölf Repräsentanten, einschließlich eines sehr hochrangigen, bekannten CIA-Mannes, dessen Namen ich hier nicht nennen möchte. Die Mitglieder des Gerichts waren von dieser Machtdemonstration sichtlich eingeschüchtert. Mario Zanchetti, der geniale Rechtsprofessor aus Rom, kämpfte mit wasserdichten Argumenten brillant und wie ein Löwe, aber allein und somit auf verlorenem Posten gegen eine Supermacht und ihren massiven Zwangsapparat sowie ihren europäischen Untertan. Marios Plädoyer war makellos. Wir verloren trotzdem.

Kapitel 2:

Wie ich meine tiefe Verzweiflung bewältigte

Juni 2013, Gefängnis Don Bosco, Pisa

»Die glorreichsten Augenblicke in unserem Leben sind nicht die sogenannten Stunden des Erfolgs, sondern die, in denen in uns aus Missstimmung und Verzweiflung ein neuer Lebensmut und die Gewissheit künftiger Erfolge erwächst.«

Gustave Flaubert

Im Juni 2013 hatte *Il Commandante* genug von mir. Seine eigenen Gefängnisneurologen bescheinigten, dass ich auf der Krankenstation von Sollicciano nicht angemessen behandelt werden könne. Das ständige Kribbeln und Zucken in meinem rechten Fuß war nahezu völliger Taubheit gewichen. Ich war fest entschlossen, nicht nach Amerika zu gehen, und egal, welcher Misshandlungen ich seitens des Gefängnisleiters und seiner Hilfssheriffs ausgesetzt sein würde, konnten diese gar nicht schlimm genug sein, als dass ich mich freiwillig einem Prozess in diesem Mekka der Freiheitsberaubung gestellt hätte, den das amerikanische Justizsystem darstellt. Die amerikanische Bevölkerung macht zwar weniger als fünf Prozent der Weltbevölkerung aus, dennoch beträgt die Zahl der Inhaftierten in den USA mehr als 25 Prozent der weltweiten Gefängnispopulation.

Die Fahrt in dem schwer gesicherten Gefängniskonvoi dauerte ungefähr zwei Stunden. Ich versuchte, zwischen den Gitterstäben so viele Landschaftseindrücke wie möglich zu gewinnen. In Sollicciano hatte ich gehört, das Gefängnis von Pisa sei ein wesentlich zivilerer Ort, aber das stimmte nur zum Teil. Das Gefängnis war »nur« zu 150 Prozent überbelegt, im Vergleich zu den 223 Prozent in Sollicciano. Allerdings war das Gefängnis in einem noch schlechteren Zustand. Überall tummelten sich Ratten. Die Wasserqualität hätte es mit einem Slum in Honduras aufnehmen können. Das Heizungssystem war defekt; im November 2013 sank die Innentemperatur auf drei Grad. Die Gebäude stammen aus den Dreißigerjahren – den »guten alten Tagen« Italiens –, als Benito Mussolini mit eiserner Hand für Recht und Gesetz sorgte. Mussolinis größenwahnsinniger Baustil glich der Naziarchitektur: riesige kalte Säle mit hohen Decken.

Nach meiner Ankunft wurde ich in eine dunkle Zelle gesteckt. Es war ungefähr zehn Uhr morgens, aber es gab keinen Strom. Ich war völlig entnervt. Die einzige Annehmlichkeit war ein Plastikstuhl. Nach einer Wartezeit von ungefähr zwei Stunden in diesem Drecksloch rammte ich den Stuhl gegen die Tür und schleuderte ihn anschließend an die Decke, um die Lampe zu zertrümmern. Kümmerte aber niemanden. Keiner griff ein. Ich ließ meinen Aggressionen freien Lauf. Schließlich wurde ich aus diesem Rattenloch geholt und registriert, es wurden die üblichen Fotos gemacht und ich wurde zu einem Gesundheitscheck begleitet.

Die positivsten Aspekte des Stadtgefängnisses von Pisa waren die folgenden: Es war nicht so überfüllt wie Sollicciano und die Wärter waren weniger feindselig. Am meisten gefiel mir, dass wir regelmäßige Gottesdienste und donnerstags sogar eine Katechismusstunde hatten. In meinem ganzen Leben bin ich nicht so gerne zur Kirche gegangen wie im Gefängnis von Pisa. Seit 2011 hatte ich jede Woche Messen und Betgruppen besucht. Während der drei Monate Untersuchungshaft in Sollicciano war mir die Teilnahme am Gottesdienst verboten; nicht einmal zu Ostern durfte ich in die Kirche gehen.

Hier wurde mein Hofgang auf die gesetzlich festgelegten vier Stunden pro Tag erhöht und drei der Gefängnisärzte waren wirklich gute, fürsorgliche Menschen. Der Nachteil von Pisa war ein weiteres Arschloch als *Commandante*, dieses Mal mit sadistischer Ader. Während meines einjährigen Gefängnisaufenthalts wurde ich mehr als zwanzigmal verlegt. Das klingt nicht so übel, ist es aber. Es war sehr schwierig, jedes Mal wieder halbwegs freundlich gesinnte Bekanntschaften zu machen, Allianzen zu schmieden und sich zu integrieren. So etwas wie Stabilität gab es nicht einmal im Traum. Der ständige Zellenwechsel machte mich ganz irre. Außerdem verbrachte ich Monate in verschiedenen Isolierzellen. Ich lebte wie ein Eremit und hatte alle Zeit der Welt zum Nachdenken und Beten. Der einzige Nachteil bestand darin, dass das Licht oft 24 Stunden angeschaltet blieb, und es in der gleichen Ecke, in der ich mich duschte, nur ein Loch im Boden gab, um die Notdurft zu verrichten. Die Zellenmöbel bestanden aus unzerstörbarem Stahl. Im Vergleich zu einem Leben zwischen Psychopathen war das aber ein Spaziergang. Die Isolationshaft war hart, auf der anderen Seite war die Einsamkeit Balsam für meine Seele.

Die Gefängnisleitung dachte, sie würde meinen Willen brechen, indem sie mich in Rattenlöcher einsperrte. Tatsächlich machte mich das nur stärker. Das war eine der Methoden, mit denen man versuchte, mich zu brechen. Eine andere Taktik bestand darin, mich von meinen Anwälten zu isolieren. Der Gefängnisleiter von Pisa verweigerte mir mehrmals willkürlich das Recht auf Telefongespräche mit meinen

Anwälten, und zwar vor allem in der kritischen Phase meines Gerichtsprozesses, als ich dringend mit meinen Verteidigern sprechen musste. Das hörte auf, als Mario Zanchetti ihm wegen der Verletzung verfassungsmäßig garantierter Grundrechte mit einer zehn Millionen Euro Klage drohte.

Ein weiteres großes Minus war das verseuchte Wasser. Falls man es trank, wurde man ernstlich krank. Im Übrigen wimmelte es nur so von Mücken. Selbst im Winter wurde man am Tag gut und gerne von 20 bis 30 Mücken gestochen.

Unmenschen im weißen Kittel

»Je größer die Macht, desto gefährlicher der Missbrauch.«

Edmund Burke

Die Mücken allein hätte ich aushalten können, aber irgendwann wurde ich in eine Zelle gesteckt, in der die am schwersten erkrankten Häftlinge der gesamten Krankenstation vor sich hin vegetierten. Der Typ zu meiner Rechten hatte Aids und Bronchitis. Zu meiner Linken befand sich einer, der an drei Formen der Hepatitis erkrankt war. Die Betten beider Patienten waren gerade einmal 30 Zentimeter von meinem entfernt. Mücken übertragen bekannterweise Krankheiten. Ich hatte aufgrund eines Mordversuchs in Caracas meine Milz und ein gutes Stück meiner Lunge eingebüßt. Mein Immunsystem war daher viel zu schwach, um die Medikamentenhämmer zu verarbeiten, die zur Behandlung dieser Krankheiten eingesetzt wurden. Wenn ich von der falschen Mücke gestochen werde, ist das mein Todesurteil. Der einzig mögliche Schutz bestand darin, dass ich mich rund um die Uhr von oben bis unten mit Mückenspray einsprühte. Dennoch war es nur eine Frage der Zeit, bevor ich mich anstecken würde. Das Fäkalienloch zu benutzen war lebensgefährlich. Wenn dein Schwanz länger als zehn Zentimeter war, streifte er unweigerlich den Boden. Auf diese Weise zog ich mir in Zelle 96 eine böse Harnwegsentzündung zu.

Es wäre ein Leichtes gewesen, mich in eine Zelle mit Häftlingen zu verlegen, die keine derart lebensgefährlichen Krankheiten hatten. Die Gefängnisleitung kannte meinen Gesundheitszustand. Man hatte mich ganz bewusst in Zelle 96 gesteckt, in der die Häftlinge untergebracht waren, die an den gefährlichsten und ansteckendsten Krankheiten litten.

Gottlob protestierte eine äußerst liebenswürdige und kompetente Ärztin, energisch gegen meine Unterbringung und drohte der Gefängnisleitung mit einer offiziellen Beschwerde. Sie rettete mir wahrscheinlich das Leben, indem sie meine Verlegung in eine wesentlich sicherere und hygienischere Umgebung durchsetzte.

Eine der grausamsten Formen medizinischer Misshandlungen ist die bewusste Verweigerung lebenswichtiger Medikamente, während man dem Verfall eines Patienten zusieht. Dafür bedarf es einer Persönlichkeit vom Typ des berüchtigten KZ-Arztes Josef Mengele. Die Leiterin der Krankenstation, verweigerte mir drei Monate lang meine Medikamente gegen die Multiple Sklerose, bis meine Anwälte der Sache gründlich nachgingen und die verschwundenen Medikamente »zufällig« in einer Schublade ihres Schreibtisches »auftauchten«.

In Sollicciano und Pisa wurde ich von vier Gefängnisneurologen und zwei externen Gutachtern untersucht. Alle sechs gelangten übereinstimmend zu der Einschätzung, ich müsse in eine spezielle MS-Klinik verlegt werden, damit die effektivste Behandlungsmethode bestimmt und ich unverzüglich therapiert würde. *Dottoressa* de Franco ging über

alle sechs Fachgutachten hinweg und schrieb in ihrem Gutachten:
»Mr. Homm wird im Centro Medico gut betreut und versorgt. Seine
Erkrankung wird von unseren Ärzten angemessen behandelt, so dass
weder Bedarf an einer externen Analyse noch an alternativen Behand-
lungen besteht.« Was für eine widerliche Hexe. Was für eine dreckige
Lüge, dachte ich. Fazit: Die USA können alle Aspekte unseres Lebens
kontrollieren, wenn sie es sich vornehmen.

Ich wog fast 35 Kilo weniger als mein Idealgewicht, beide Beine zuckten und zitterten unkontrolliert. Mein rechter Unterschenkel war
völlig taub und in meinem linken Arm nahmen die Taubheitsgefühle
zu. Meine Hände zuckten unaufhörlich. Man hatte mir Krücken und
einen Stock ausgehändigt, damit ich nicht stolperte oder stürzte. Zu
diesem Zeitpunkt war meine Harnwegsinfektion so schlimm, dass ich
inkontinent wurde. Genau wie die Multiple Sklerose wurde auch diese Infektion nicht behandelt. Das Einzige, was ich tun konnte, war,
Seifenwasser über einen langen Strohhalm in die Harnröhre einzufüh-
ren und zu versuchen, die Bakterien auf diese Weise abzutöten. Ich
nahm Antidepressiva, weil man mir ein hohes Suizidrisiko diagnostiziert hatte. Monatelang hatte ich nicht mehr als zwei Stunden am Stück
geschlafen.

Die Krönung des Ganzen war ein Professor, der das abschließende »ob-
jektive« medizinische Gutachten für den Obersten Kassationsgerichtshof schrieb. Die entsprechende Untersuchung wurde von zwei der
besten Neurologen Italiens, der medizinischen Fakultät einer renom-
mierten Universität durchgeführt. Beide Experten untersuchten mich
sechs Stunden lang in aller Gründlichkeit und prüften intensiv meine
Krankenakte. Sie tauschten Informationen aus und diskutierten aus-
giebig über meine Krankheit und meinen Gesundheitszustand. Eine
Woche nach der Untersuchung kamen beide einhellig zu dem Schluss,
dass meine gesundheitliche Verfassung eine Auslieferung in die USA
nicht zuließe, und eine 30-stündige Reise von Pisa nach Los Angeles

völlig außer Frage stand, da eine solche Anstrengung sehr wahrscheinlich einen schweren MS-Schub auslösen würde. Die abschließende Feststellung lautete, dass ich unverzüglich in eine italienische Spezialklinik für Multiple Sklerose eingeliefert werden müsse. Das Gutachten sollte am Freitag beim Obersten Kassationsgerichtshof eingereicht und zu den Akten genommen werden. Wir waren uns alle sicher, dass sich der Professor aufgrund der genannten medizinischen Gründe gegen eine Auslieferung aussprechen würde.

Der Professor reichte das Gutachten nicht pünktlich bei Gericht ein, sondern erst mehrere Tage später, und zwar am selben Tag, an dem die Hauptverhandlung stattfand. Der Zugang zum Gutachten vor der Verhandlung wurde uns verweigert. In einem Telefonat, dass der Professor im Anschluss an die Verhandlung führte, sagte er: »Ich hatte in dieser Sache keine Wahl. Man hat mich massiv unter Druck gesetzt; ich wurde sogar ernsthaft bedroht. Ich musste schreiben, dass Mr. Homms gesundheitliche Verfassung eine Auslieferung an Amerika zuließ. Ich wurde gezwungen, das Gutachten am Wochenende zu ändern. Es tut mir leid, aber was hätte ich machen können?«

Hackordnung unter Auftragsmördern

»Lass dich schikanieren, lass dich in Rage bringen, lass dich töten, aber töte nie.«

Wilfred Owen (Bedeutendster Zeitzeuge des Ersten Weltkriegs)

Meine ersten Zellengenossen in Pisa waren relativ zivil. Nicht so gastfreundlich wie meine moslemischen Mitgefangenen in Sollicciano, aber sehr strukturiert. Es gab eine klare Hackordnung, was weitaus besser ist, als eine Zelle oder ein Zellenblock, in dem die Hierarchie noch nicht fest etabliert ist. Zelle 94 wurde von einem bekannten Auftragsmörder der Camorra geführt. Nennen wir ihn Antonio. Antonio hatte weitere 16 Jahre vor sich, die er aber aufgrund einer Fülle gesundheitlicher Probleme – darunter Knochenkrebs und mehrere bösartige Tumore – höchstwahrscheinlich nicht in Gänze erleben wird. Ich hatte mich in meiner neuen Zelle eingerichtet und eine Zigarre angezündet, um meine Nerven zu beruhigen. Gerade als ich den ersten Zug nahm, ging mich ein älterer, grauhaariger Häftling in ziemlich aggressivem Befehlston wegen des Zigarrengestanks an. Nach meiner Zeit in Sollicciano war mir Aggression nicht fremd und ich war ganz gewiss nicht in der Stimmung, vor einem alten Knacker zu kuschen, der meinte, mir sagen zu können, was ich zu tun und zu lassen habe. Also antwortete ich in rudimentärem Italienisch: »Wer bist du? Hast du einen Namen? Habe ich dich aufgefordert, mit mir zu sprechen? Bist du mein Vater? Erzähl mir nicht, was ich zu tun habe!« und rauchte weiter, wobei ich die Rauchwolken in seine Richtung blies. In gewisser Weise sagte ich diesem Typen, ich schlage dir hier und jetzt den Schädel ein, wenn du mir noch mal mit irgendeinem Scheiß kommst.

In weniger als 30 Sekunden hatte ich, der ich immer noch ziemlich unerfahren in den Gefängnisdynamiken war, mehrere schwere Fauxpas begangen. Die Gefängnispsychologie funktioniert folgendermaßen: Ein neuer Zellengenosse stellt sich vor. Dann hält er die Klappe und macht nichts, bis irgendjemand das Wort an ihn richtet. Anschließend wird ihm auf den Zahn gefühlt und dann wird er je nach seinem Vorstrafenregister, seinen Verbindungen, seiner Herkunft, seiner körperlichen Kondition, seinem Auftreten und so weiter auf irgendeiner Stufe der Zellenhierarchie eingeordnet. Manchmal wird er in einem Streit auf die Probe gestellt. Dieser Prozess kann einige Tage dauern, zieht sich aber selten über mehr als eine Woche hin. Diese langjährigen Häftlinge waren ziemlich gute Beobachter und scharfsinnig im Urteil.

Glücklicherweise wurde ich von einer Verbindung, die für mich vorab von Sollicciano nach Pisa hergestellt worden war, über meine neuesten besten Freunde aufgeklärt. Mein Verbindungsmann in Pisa war ein hochrangiger Mafiaboss der kalabrischen 'Ndrangheta, den wir Moro nennen wollen. Am Nachmittag meines ersten Tages wurde ich während meines ersten Hofgangs entsprechend instruiert. Wie sich herausstellte, hatte ich mich nicht einfach nur mit einem Mithäftling angelegt; ich hatte den Schützling eines langjährigen Berufskillers beleidigt, der zugleich einer der drei einflussreichsten Capos des Gefängnisses war. Im Gegenzug für seinen Schutz versorgte dieser Mithäftling den Mafiakiller mit seiner täglichen Dosis Morphin. Antonio, ein sehr erfolgreicher, gefürchteter Auftragsmörder der Camorra, musste nun seine Muskeln spielen lassen und mich für meine Respektlosigkeit bestrafen. Schließlich war das genau die Leistung, für die Salvatore – mein Mithäftling – bezahlte.

Moro empfahl mir, mich nicht sofort zu entschuldigen. Das würde die Sache nur verschlimmern und mich wie ein Weichei und Loser aussehen lassen. Ich musste meine Position verteidigen, bereit sein, mich auf eine Auseinandersetzung einzulassen, und vielleicht einen Weg finden, um Frieden zu schließen. Nach dem Hofgang warf Antonio mir einen Blick zu. Er sagte kein Wort. Wenn ich las, spürte ich seinen Blick. Wenn ich schrieb, starrte er mich an. Wenn ich fernsah, starrte er mich an. Wenn ich aß, starrte er mich an und wenn ich schlafen ging, starrte er mich noch immer an. Das Starren währte die ganze Nacht. Dieser Hurensohn starrte mich rund um die Uhr an. Ich versuchte, ruhig zu bleiben, aber ehrlich gesagt hatte ich Angst.

Oft erwiderte ich sein Starren, aber vermutlich würde mich die Erwiderung seiner Blicke und dieses halben Lächelns mit der Zeit ermüden, also versuchte ich, ihn zu ignorieren. Nachts war es in der Zelle ziemlich dunkel, aber nicht so dunkel, als dass ich nicht hätte sehen können, wie er sich erhob. Glücklicherweise lief der Fernseher 24 Stunden lang. Der Bildschirm reflektierte genügend Licht, um schattenhaft Bewegungen wahrzunehmen. Er kam zu meinem Bett, aber als er sah, dass ich ihn mit einer hübsch geschärften Zahnbürste in der Hand beobachtete (man nimmt ein Feuerzeug, bringt den Kunststoff zum Schmelzen, steckt eine Rasierklinge hinein und lässt das Ganze abkühlen), bog er ab zur Toilette. Anschließend kam er zurück, beobachtete mich wieder aus sicherer Entfernung und legte sich ins Bett. Und dann, das wusste ich, starrte er mich weiter an. In jener Nacht hatte ich noch zwei weitere Besuche von Antonio, bevor es an der Zeit für Frühstück und Hofgang war. Ich fragte mich: »Schläft dieser Idiot eigentlich nie?« Im Hof konnte ich dann eine kurze Siesta halten. Antonio tauchte nicht im Hof auf. Wahrscheinlich hielt er selber Siesta. Der folgende Abend und die anschließende Nacht verliefen genau wie die Nacht zuvor. Gott sei Dank war ich in meinem Vorleben ein Workaholic gewesen und bin von Natur aus ein Nachtmensch. In meinen alten Tagen, als ich noch im Investmentbanking arbeitete, arbeitete ich oft 48, manchmal sogar 72 Stunden durch, ohne jeden Schlaf. Damals brauchte ich nicht einmal Drogen, um wach zu bleiben. Das Wachbleiben war für mich einfach kein Problem. So ticke ich nun mal von Natur aus..

Nach einer zweiten schlaflosen Nacht zeigte ich böse Anzeichen von Schwäche. Und ich wusste es. Gegen sieben Uhr morgens, als das erste Tageslicht in die Zelle fiel, starrte ich zurück und schwang mein kleines Verteidigungsinstrument leicht von links nach rechts. An diesem Punkt wollte ich es einfach hinter mich bringen. Ich dachte: »Klären wir die Sache hier und jetzt. Ich bin völlig daneben. Dieser Typ hat sein Geld damit verdient, tagelang einfach zu warten, bis er sein Opfer massakriert. Dieses Spiel kann ich nur verlieren. Besser wir kämpfen das gleich von Mann zu Mann aus, als mir im Schlaf die Kehle aufschlitzen zu lassen. Da kann ich mich genauso gut im Zweikampf abstechen lassen.« Antonio besaß mir gegenüber mehrere Wettbewerbsvorteile. Er war ein ausgekochter Auftragsmörder, während ich lediglich ein Wall-Street-Scheißer war. Sein zweiter großer Vorteil bestand darin, dass er nichts zu verlieren hatte, wenn er mich umbrachte. Das Ende seiner Haft würde er aufgrund seiner Krebserkrankung sowieso nicht erleben. Er hatte bereits zwei Jahre in Isolierhaft verbracht, weil er einen Mithäftling in Neapels berüchtigtem Gefängnis Poggio Reale ermordet hatte.

Antonio setzte sich in seinem Bett auf und warf mir einen seltsamen Blick zu. Ich bemerkte so ein kleines Zwinkern in seinen Augen, das mir bisher nicht aufgefallen war. Ich drehte meinen Kopf fast unmerklich nach rechts, unfähig, seinen Gesichtsausdruck zu lesen. Dann zeigte er mir sein beeindruckendes Messer mit der breiten 20 Zentimeter langen Klinge und lächelte wie ein verschmitzter junger Mann, der mit einem Mädchen flirtet. Und plötzlich fing er an zu lachen, richtig aus vollem Hals an zu lachen. Ich war nicht sicher, ob ich das richtig interpretierte und rieb mir die Augen, um ganz sicher zu sein. Dieser Mann saß da, auf seinem Bett und lachte mich an, während er sein riesiges Messer hin- und herschwang. Nach einer Weile fing ich auch an zu lachen. »Was soll der Scheiß?«, fragte ich mich, aber ich war viel zu erschöpft, um rational zu reagieren. Dann lachten wir beide, und zwar so laut, dass einige unserer Zellengenossen aufwachten, die sahen, wie wir die Luft mit unseren gemeingefährlichen Waffen durchschnitten und dabei vor Lachen fast Schluckauf bekamen. Das dauerte eine Weile, und diese Episode war eine der verrücktesten Begebenheiten in meinem ganzen Leben. Schließlich nahm ich mich zusammen.

Ich legte mein mickriges, selbstfabriziertes Schneidegerät auf die Bettkante. Antonio tat das Gleiche mit seinem weitaus beeindruckenderen Messer. Langsam erhob ich mich und ging auf ihn zu. Ich war nun sehr ernst. Dann senkte ich leicht den Kopf und sagte: »Don Antonio, bitte entschuldigen Sie. Ich bin neu. Ich war wütend. Ich entschuldige mich aufrichtig bei Ihnen und Ihrem guten Freund. Würden Sie diese Entschuldigung annehmen?« Er musterte mich langsam von oben bis unten und wieder bis oben und antwortete mit einem Lachen: »Fick dich selbst. Angenommen, aber bitte keine weiteren Respektlosigkeiten!« Das Eis war gebrochen. Innerhalb kurzer Zeit wurde Salvatore mein enger spiritueller Gefährte. Trotz seiner überheblichen Art, um nicht zu sagen, Arroganz, und seiner leicht effeminierten Art, war Salvatore wahrscheinlich der gottesfürchtigste Häftling von Pisa. Mit einiger Intelligenz ausgestattet, schrieb er berührende und erleuchtende Gebete für die Diözese von Pisa. Das bedeutete nicht, dass er immer alles praktizierte, was er predigte. Verzeihen fiel ihm sehr schwer. Aber trotz seiner elitistischen, herablassenden Art nahm er einen jungen russischen Heroinabhängigen namens Arturs unter seine Fittiche und half ihm, vom Methadon loszukommen. Wir beide halfen Arturs auf unterschiedliche Weise, ökonomisch und spirituell. Eine Zeitlang waren wir wie eine kleine Patchwork-Familie, nur ohne Sex.

Nicht lange vor meinem Abschied bat ich den großen Mario Zanchetti, Salvatore zu helfen. Mario nahm sich die Zeit, sprach mit Salvatore und akzeptierte ihn als Pro-bono-Mandanten. Anstatt weitere sieben Jahre im Gefängnis zu verbringen, kam er nur einen Monat, nachdem ich aus Pisa entlassen wurde und nach Deutschland zurückgekehrt war, frei. Antonio nahm eine andere Richtung. Er schrieb lange und sehr detaillierte Briefe an seine Frau und seine Kinder, aber seine dunkle Seite war weitaus stärker ausgeprägt als sein Wunsch zu lieben. Auch seine Morphiumsucht trug dazu bei, dass seine Dämonen die Oberhand gewannen. Mehrere Monate später, während ich mich gerade in Isolationshaft befand, machte Antonio Salvatore beinahe zum Krüppel, weil dieser sich geweigert hatte, ihm seine tägliche Morphiumdosis zu liefern. Antonio rammte Salvatore unzählige Male die Knie in den Rücken, um ihn zu lähmen, bevor ein Mithäftling eingriff. Beinahe wäre es ihm gelungen, aber Gott sei Dank konnte es verhindert werden. Daraufhin wurde Antonio in einem der schlimmsten Gefängnisse Siziliens in Isolationshaft gesteckt – einem Ort, der Pisa im Vergleich dazu wie das Ritz Carlton erscheinen ließ. Ich bete für euch alle: Arturs, Salvatore und sogar dich, Antonio. Möget ihr Frieden, Glück und einen Lebenssinn finden.

Vor dem Angriff auf Salvatore klärte mich Antonio über seinen Beruf auf. Im Wesentlichen sind die wirklich guten Auftragsmörder sorgfältige Menschen mit einer sehr guten Beobachtungsgabe, die ihre Umgebung aufmerksam studieren und stets nach Schwächen suchen. Es sind keine durchgeknallten Typen, die mit Gewehren herumfuchteln, sondern zumeist äußerst reservierte, introvertierte, unauffällig und bescheiden, ja, sogar schüchtern wirkende Menschen. Sie sind geduldig und wägen gründlich die Risiken ab, analysieren, beobachten und bereiten sich gut vor, bevor sie zuschlagen. Oft sind sie zugleich Schutzgelderpresser und Auftragsmörder oder Schuldeneintreiber und Auftragsmörder. Diese Tätigkeitsfelder überschneiden sich zum Teil. Ich lernte noch zwei weitere Berufskiller kennen, die beide Anfang vierzig waren und an den schlimmsten vorstellbaren Krankheiten litten.

Analytisch betrachtet, erscheint mir der Beruf des Auftragsmörders als eine Tätigkeit, die ein schlechtes Chancen-Risiko-Profil bietet. Und zwar erstens wegen der überproportional hohen Rate an medizinischen Komplikationen und zweitens wegen der weit unterdurchschnittlichen Lebenserwartung; eindeutig eine eher unbefriedigende und selbstzerstörerische Berufswahl. Selbst als ich in eine andere Zelle verlegt wurde, hielt ich es für ratsam, ein gutes Verhältnis zu Antonio zu wahren. Echter Respekt und eine gelegentliche Zigarre oder Schweizer Schokolade wirkten Wunder, was die Qualität unserer Beziehung anging. Diese Großzügigkeit war aber keineswegs einseitig. Antonio versorgte mich im Gegenzug mit seinem köstlichen neapolitanischen Schinken und Würstchen, die ihm seine Homeboys schickten.

Moro, mein Schutzpatron der 'Ndrangheta, war zufrieden und dankte der Heiligen Muttergottes für mein günstiges Schicksal. Das tat ich auch. Ich dankte ihm für seinen klugen Rat mit einer Sancho-Panza-Torpedozigarre aus Kuba. Damals ahnte ich noch nicht, dass ich auch seinen Neffen Pepe kennenlernen würde, der aus dem gleichen kalabrischen Dorf namens Africo stammte.

Schutzgelderpressung

Zweimal wurde ich Opfer von Versuchen, Schutzgeld zu erpressen – einmal in Sollicciano und einmal in Pisa. Es ist weder ehrbar noch ratsam, seinen Schutzgelderpresser preiszugeben, vor allem, nachdem die Angelegenheit bereinigt wurde. Meine Berater führten nicht nur wertvolle Recherchen durch, als ich ernsthaft bedroht wurde, sondern belehrten mich auch über den Modus Operandi im Umgang mit den Erpressern. Aus offensichtlichen Gründen ist dieses daher der kürzeste Abschnitt des gesamten Buches. Nicht alle Geheimnisse müssen gelüftet werden.

Die Kraft, mein Kreuz zu tragen

»Nimm dir Zeit zum Beten – es ist die größte Macht der Erde.«

Mutter Teresa

Ich bin dankbar für die Misshandlungen, das Leid und die Torturen, die ich in Italien erlebte, weil sie mich von meiner egozentrierten Existenz und meiner Selbstbesessenheit weggeführt und auf einen dankbareren Pfad gelenkt haben. Zwar sind die schlimmsten Tage in relativer Freiheit weitaus besser als der beste Tag im Gefängnis, aber das trifft nicht auf Geist und Seele zu. Es verging nicht ein Tag, an dem ich nicht intensiv betete, Gedichte und Gebete schrieb oder Tagebucheinträge machte. Nie wieder werde ich derart profunde Gedanken und überwältigende Gefühle erleben.

Die Kapelle des Gefängnisses von Pisa bestand aus einem einfachen Altar und einem großen Kreuz. Sie befand sich am Ende des Gefängnisflurs in der zweiten Etage. Der Flur war nicht breiter als dreieinhalb Meter. Auf der linken Seite gab es Fenster, die den Blick auf den Gefängnishof freigaben. Auf der rechten Seiten befanden sich die Türen der Zellen 96 und 95 – insgesamt betrug die Länge des Flurs sieben Meter. Für den wöchentlichen Gottesdienst brachten die Häftlinge Plastikstühle aus ihren Zellen mit. Ich habe nie einen bescheideneren und demütigeren Platz der Gottesverehrung gesehen. Die Kargheit, der Lärm, der aus den Zellen entlang des Korridors drang, und die Abwesenheit jeglicher Schönheit mit Ausnahme des Jesuskreuzes ... diese schlichte Einfachheit war einfach überwältigend.

Unser Pastor Don Roberto und unser Diakon Giorgio verrichteten ihre Arbeit ehrenamtlich. Manchmal kamen nur vier Häftlinge zur Messe. Der Anwesenheitsrekord auf dieser winzigen Fläche betrug 23 Personen. Jeder, der irgendwo auf diesem Planeten in die Kirche geht, wäre angesichts der Umgebung schockiert gewesen; für mich war diese improvisierte Kirche jedoch ein Hafen der Kraft und der spirituellen Weiterentwicklung.

Die Kirchenmänner boten einigen der trostlosesten und verzweifeltesten Seelen eine spirituelle Anlaufstelle und eine Chance der Erlösung. Jede Woche nahmen am Gottesdienst beziehungsweise dem donnerstäglichen Katechismus Häftlinge teil, die illegitimerweise unter Drogen oder schweren Methadondosen standen, die ihnen das Gefängniskrankenhaus beschafft hatte. Welche Tätigkeit innerhalb der Kirche hätte anstrengender oder frustrierender sein können? Ich tat mein Äußerstes, um mich vorzubereiten und diese tapferen, gutherzigen Katholiken zu ehren. Ich wollte, dass sie das Gefühl hätten, wertgeschätzt zu werden. Und diese Männer halfen wirklich, auch wenn sie in ihren wohltätigen Taten vom Gefängnispersonal stark behindert wurden. Don Roberto hatte freundliche Worte für Massenmörder, geistesgestörte und gefährliche Häftlinge. Einem half Giorgio, seine Rente zu sichern und einem anderen half er bei der Beschaffung so grundlegender Dinge wie Seife,

Zahnpasta und Toilettenpapier. Er gab denen, die gar nichts besaßen, sogar Uhren. Zweifellos wäre das italienische Haftsystem noch viel schlimmer, wenn sich die katholische Kirche nicht um die Häftlinge kümmern würde.

Fast alle regelmäßigen Besucher der Gottesdienste lasen kurze Abschnitte aus der katholischen Messe, selbst wenn sie mit Drogen vollgepumpt waren. Bald sang ich sogar Psalmen und betete auf meinen Knien zu Jesus, Gott und der Heiligen Muttergottes. Fast jeden Monat erlebte ich eine kleine Katastrophe: Ich hatte mein Berufungsverfahren verloren, der Gefängnisleiter hatte mir das Recht auf Telefongespräche verweigert, die leitende Gefängnisärztin verweigerte mir meine MS-Medikamente. Meine besten Freunde, sogar Familienangehörige weigerten sich, mir zu helfen, medizinische Gutachten wurden unter dem Druck der USA verfälscht und so weiter. Die finanziellen Mittel für meine Verteidigung waren von falschen Freunden und Familienangehörigen veruntreut worden, ich erlitt schwere MS-Schübe ... Im Gefängnis weinte ich so viel, dass ich glaubte, meine Tränenkanäle würden für immer austrocknen. Ich betete auf Knien und mit dem Kopf auf dem Boden und flehte Gott um Gnade an. Zunächst dachten meine Zellengenossen, ich sei verletzt, als sie mich in dieser Position sahen. Nach kurzer Zeit akzeptierten sie meinen intensiven Glauben. Die Wärter verpassten mir den Spitznamen »Ratzinger« – in Anlehnung an den bürgerlichen Namen des letzten Papstes, Benedikt XVII.

Nach einigen Monaten wurde ich für ein halbes Dutzend Mithäftlinge zur spirituellen Anlaufstelle. Daraus entwickelten sich kleine Betgruppen. Don Roberto und Giorgio verteilten Rosenkränze. Die wöchentlichen Schlägereien auf dem Gefängnishof hörten auf. Wenn ich von einer bevorstehenden Auseinandersetzung hörte, unternahm ich ernsthafte Anstrengungen, um die erhitzten Gemüter zu besänftigen. Arturs, der russische Junkie, wandte sich an mich und bat um ein Messer, mit dem er einen rumänischen Massenmörder erstechen wollte, der

ihn missbrauchte. Ich sprach mit beiden. Wir beteten. Ich freundete
mich mit dem Rumänen an. Ich hörte ihm zu, und er erzählte mir über
sein Leben und seine Tochter. Er hatte ein beeindruckendes Hobby:
den Bau historischer Modellschiffe. Damit konnte ich mich sehr iden-
tifizieren, weil ich mich fast zwei Jahrzehnte lang mit der Geschichte
des Schiffsbaus beschäftigt hatte. Roman wusste, dass ich mich nicht
bei ihm einschmeicheln wollte. Wir hatten einfach Themen, über die
wir uns unterhalten konnten. Nach zwei Wochen spazierten Arturs,
Roman und ich bei unseren Freigängen gemeinsam und in friedlicher
Unterhaltung über den Gefängnishof.

Die Sozialarbeiter des Gefängnisses baten mich, vor 50 Gymnasiasten
zu sprechen, die das Gefängnis besuchten. Das tat ich gerne. Diese
Rede werden die Jugendlichen nie vergessen. Sie war ziemlich plastisch.
Don Roberto stellte mich dem toskanischen Bischof in der echten Ge-
fängniskirche vor, und ich konnte Weihnachten und Ostern die heilige
Messe besuchen. Ich formulierte erfolgreich die Verteidigungsstrategie
für einen jungen, tunesischen Untersuchungshäftling, der weder lesen
noch schreiben konnte und mit dem ich einen Monat lang eine Einzelzelle geteilt hatte. Er erlangte seine Freiheit zurück, aber nur, um drei
Monate später wieder inhaftiert zu werden. Ich gründete einen Schach-
klub; die Schachbretter beschaffte ich mit Hilfe der Sozialarbeiter. Wir
organisierten das erste Schachturnier des Gefängnisses von Pisa. Theo-
logische Diskussionen während des Hofgangs wurden fast so üblich
wie der Austausch von Informationen über »Projekte«, Verbindungen
und Angriffsziele. Der Glaube war lebendig.

Nie wieder waren meine Gebete und mein Flehen zur Heiligen Muttergottes intensiver als zu jener Zeit. Die Allgegenwart des Guten und des
Bösen am selben Ort können sich Menschen gar nicht vorstellen, die
noch nie den rohen, gewalttätigen Zuständen eines Gefängnisses ausgesetzt waren – sie gleicht einem Konzentrationslager. Was mich aufrecht hielt, waren die Gebete, das Buch mit den Gnadenbotschaften,

karitatives Engagement, ausgiebige Lektüre und das Schreiben vieler hundert Seiten pro Monat. Meinen Glauben zu praktizieren und zu leben, bewahrte mich davor, durchzudrehen und ein unkontrollierbares, gemeingefährliches Subjekt zu werden oder mich umzubringen. Ich danke Gott dafür, dass er mir die Kraft gab, dieses Kreuz zu tragen. Das war das Fundament meiner Bekehrung; einer Bekehrung, die nie so radikal und gründlich gewesen wäre, wenn ich nicht meine Freiheit eingebüßt hätte. Mein Kreuz und die verschiedenen Prüfungen, die mir auferlegt wurden, verliehen mir eine Würde weit jenseits meines eigenen Wertes und haben mich zu einem besseren Menschen gemacht. Ich danke Dir.

Unentdeckte Talente

»Das Gefängnisleben; glücklicherweise habe ich viele Jahre, ungefähr achtzehn, mit anderen Gefangenen verbracht. Und wie ich sagte, sie bereichern die Seele.«

Nelson Mandela

Im Gefängnis gibt es wahre Genialität. Ich spreche hier nicht über kriminelle Intelligenz und Geschick, sondern über sehr ungewöhnliche Fertigkeiten, die man sich nicht vorstellen kann, bis man ein Gefängnis von innen kennenlernt.

Nehmen wir zum Beispiel Mario, den Deutsch-Italiener. Mario hatte eine Festanstellung bei einem lokalen Wasserversorger, multiplizierte sein monatliches Gehalt aber um den Faktor von mehreren tausend Prozent, indem er jeden Monat viele Kilos Kokain verdealte. Er war ein Ersttäter, dem es zehn Jahre lang gelungen war, dem Gefängnis zu entgehen. Seine Eltern besaßen mehrere italienische Restaurants in Nordbayern. Aber Mario zog Kalabrien vor, weil er Deutsche als kaltherzig und humorlos empfand. Kurz nach seiner Geburt wurde er der Obhut seiner Tante überlassen, als seine Eltern auf der Suche nach einer besseren Zukunft nach Deutschland auswanderten. Seinen Vater sah er erst wieder, als er 16 war. Während sich seine Eltern in Deutschland eine solide Existenz aufbauten, fühlte sich Mario in Italien ungeliebt und verlassen. Um mit diesen Verlassenheitsgefühlen fertigzuwerden, hatte er zwei Fertigkeiten entwickelt. Die eine war komisches Talent und die andere ein ausgeprägter analytischer Sinn.

Sein herausragendes komisches Repertoire basierte auf scharfsinnigen Beobachtungen. Er konnte jeden bis zur Perfektion nachahmen. Mario war als Kind sehr in sich gekehrt gewesen und hatte wenig gesprochen. Da er äußerst schüchtern war, beobachtete er lieber, als mit anderen zu kommunizieren. In jener Zeit brachte er sich das Lippenlesen bei, um an der Kommunikation zwischen anderen Menschen teilnehmen zu können, ohne sich aktiv beteiligen zu müssen.

Wie Arturs hatte Mario zudem das Adlerauge. Mit 35 war er in der Lage, aus einer Entfernung von zwanzig Metern von den Lippen zu lesen. Zwar bezeichnete sich Mario selbst als Hofnarr, aber seine Beobachtungen erwiesen sich als äußerst scharfsinnig, und seine Fähigkeiten im Lippenlesen waren mir zudem sehr nützlich. Wurde eine Schutzgelderpressung geplant, wusste Mario sofort Bescheid. Stand ein Konflikt kurz vor dem offenen Ausbruch, war Mario bereits im Bilde. Das verschaffte mir stets reichlich Zeit, mich zurückzuziehen, mich vorzubereiten oder zur Schlichtung beizutragen, bevor es zum offenen Streit kam.

Mario war ein Genie. Bei meinen Internetrecherchen erfuhr ich, dass Mario eine Haftstrafe von zwölf Jahren drohte. Er war zuversichtlich, dass die Staatsanwälte von Pisa ihn mit Wohlwollen behandeln würden, da er einen makellosen beruflichen Werdegang aufwies. Er ging von maximal zwei oder drei Jahren aus. Tatsächlich forderte die Staatsanwaltschaft aber 20 Jahre. Marios Fahndungsfotos im Internet, die ich heute gesehen habe, zeigen einen immens leidenden Menschen. Dieser Mann liebte seine Tochter noch viel mehr als seine Frau. Und die liebte er von ganzem Herzen. Diese Strafe bedeutet, dass er mindestens weitere sieben Jahre einsitzen wird. Ich bete darum, dass Mario seine einzigartigen Fertigkeiten bewahrt und die Haftstrafe übersteht, ohne dass er seinen herausragenden Humor verliert. Ich habe ihm geschrieben, um ihn wissen zu lassen, dass es da draußen jemanden gibt, der ihn ehrlich wertschätzt. Es spielt keine Rolle, ob er zurückschreibt. Wenn man im Gefängnis sitzt, kann ein solcher Brief, ein wenig Aufmerksamkeit, die Welt bedeuten.

Ein anderes echtes Genie war Rocco, ein Kunsthandwerker aus der Toskana mit einer absolut wahnsinnigen und selbstzerstörerischen Sucht nach Koks, Crack und Heroin. Rocco war von Beruf Bleicher und ein talentierter Kunstmaler. Ohne jede formale Ausbildung oder Schulung hatte er sich beigebracht, Porträts und Landschaften zu malen. Roccos Schwachpunkt war eine genetisch bedingte Suchtprädisposition und eine manisch-depressive Psyche. Ich war von Rocco fasziniert, diesem Sylvester Stallone in Miniaturausgabe, der nur 1,61 Meter groß war, aber besser aussah als Sly. Abgesehen von meinen drogenabhängigen Zellengenossen in der Krankenstation von Sollicciano, hatte ich nie einen derart Süchtigen gesehen. Jeden Tag rannte Rocco bis zu einer Stunde um den Gefängnishof, und das nicht, weil er Sport treiben wollte, sondern weil er Glückshormone – sogenannte Endorphine – ausschütten wollte, die nach ungefähr 20 Minuten intensiver körperlicher Anstrengung ihre Wirkung zeigten. Er rannte, um high zu werden. Während er rannte, sah er immer auf die Uhr, weil er genau wusste, wann die Endorphinproduktion in seinem Körper einsetzte. An diesem Punkt stoppte er und machte Liegestütze bis zur völligen Erschöpfung, und anschließend rannte er weitere 20 Minuten. Auf die

letzten 20 Minuten wahnhafter Anstrengung folgten 100 Sit-ups. Das
große Finale bestand darin, dass er zwei filterlose, stark nikotinhaltige
Zigaretten inhalierte, die er – falls es seine Mittel erlaubten – mit einer
Prise Kokain veredelte.

Dieser Rausch aus einer Mischung von Tabak, Koks und körpereige-
nen Hormonen glich einem moderaten Crack-Rausch. Rocco war in
der Tat ein Crack-Läufer. Ich kam gut mit diesem manisch-depressiven
Typen aus, denn wenn er vor positiver Energie nur so barst, schimpf-
ten und tobten wir zusammen. Wenn es nichts gab, was ihn ablenkte,
konnte er von einem Moment zum anderen von überschwänglichem
Enthusiasmus in tiefe Depression verfallen, von herzhaftem Lachen in
ein Tränenmeer. Wenn er weinte, umarmte ich ihn. Rocco bat mich,
ihm eine Malausrüstung zu beschaffen, mit verschiedenen Wasser- und
Acrylfarben, Stiften, Zeichenkohle, Zeichenpapier und Pinseln. Ich
dachte, das würde seine Hochphasen wahrscheinlich verlängern und
die depressiven Einbrüche verkürzen, daher bat ich meine Mutter, ein
solches Künstlerset zu schicken. Als es ankam, fehlten diverse Artikel.
Die Wärter hatten die teuren Acrylfarben konfisziert, mit dem Argument, sie enthielten Alkohol. Rocco war dennoch selig. Das war im
Oktober 2013, und die Geburtstage meiner beiden Kinder näherten
sich.

Ich hatte ein Foto von mir und meiner Tochter, das Rocco als Vorlage
nahm, um ein wirklich ausgezeichnetes Porträt zu zeichnen. Er hatte
nie Mal- oder Zeichenunterricht genommen, sondern sich alles selber
beigebracht. Er war ein sehr guter, vielleicht sogar ein herausragender
Künstler. Das Porträt maß 60 mal 40 Zentimeter, und es gelang mir, es
aus dem Gefängnis zu schmuggeln – gerade rechtzeitig zum sechzehn-
ten Geburtstag meiner Tochter. Für den 19. Geburtstag meines Sohns
fertigte ich selber ein Poster, aber es war längst nicht so gut wie Roccos
Arbeit. Er war mir weit überlegen. Oft konnte er seine Kunst gegen

Zigaretten, Alkohol und gelegentlich Kokain eintauschen. Eine schöne
transparente Swatch-Uhr, die ich ihm geschenkt hatte, als seine Uhr
den Geist aufgab, verkaufte er für Zigaretten und Koks. Im Austausch
für seine künstlerischen Bemühungen, hatte sich Rocco, der übrigens
regelmäßig zum Gottesdienst ging, ein wenig Kokain und einen Vier-
telliter hochprozentigen Grappa beschafft. Mit einem breiten Grinsen
lud er mich am 24. Dezember zu einer Kokain-Weihnachtsparty ein,
um die Geburt unseres Herrn vor und nach der Messe zu feiern. Ich
lehnte dankend ab und dachte: »Koks-Weihnachten, wie pervers ist das
denn?« Diese feierliche Zeremonie fand allerdings nicht statt, weil Roccos
Zelle am 23. Dezember 2013 von einem halben Dutzend italienischer
Drogenfahnder und ihren Hunden gestürmt wurde.

Innerhalb eines Jahres in Pisa hatte ich rund ein halbes Dutzend Häftlinge aus Voltera kennengelernt, ein Gefängnis, in dem traditionell die
hochrangigsten Drogenhändler des organisierten Verbrechens untergebracht werden. Diese Jungs kamen üblicherweise ins Gefängnis von
Pisa, um dort operiert zu werden. Ihr Auftreten, ihre Ausdrucksweise
und ihre analytischen Fähigkeiten unterschieden sich kaum von der
eines typischen Absolventen der Harvard Business School. Der einzige wirkliche Unterschied bestand darin, dass die Voltera-Boys mehrere
Sprachen fließend beherrschten, wesentlich geschmeidiger und eindeutig besser angezogen waren. Wenn ich mit ihnen über ihre Karrieren
sprach, fielen Begriffe wie Lieferketten, logistische Engpässe, Wäh-
rungsrisiken, Versicherungskosten, Hedging-Risiken, Markteintritts-
barrieren und so weiter. Ich hatte das Gefühl, ich nähme an einem
Wiedersehenstreffen der Harvard Business School teil. Diesen Grad
der Professionalisierung des Drogengeschäfts zu beobachten, war ein
ziemliches Aha-Erlebnis. Das waren hoch kompetente, ausgefuchste
Geschäftsmänner, die genauso gut hochrangige Führungskräfte in einem globalen Konzern hätten sein können. Naja, letztlich waren sie
das; sie arbeiteten bei ´Ndrangheta Incorporated.

Es gab noch weitere Häftlinge mit bemerkenswerten Fertigkeiten. Bruno, ein Zigeuner aus Ligurien, war derart schnell und geschickt mit den Händen, dass man seine Bewegungen nicht mit den Augen verfolgen konnte, wenn er etwas stahl. Arturs, mein russischer Freund hatte wiederum Adleraugen. In den Zeiten seiner Karriere, in denen er gerade nicht auf Heroin war, arbeitete er als Killer für eine mächtige russische Organisation, die mir zu einem bestimmten Zeitpunkt nicht sonderlich wohlgesonnen war. Wir lachten uns tot, als wir uns vorstellten, Arturs hätte den Auftrag erhalten haben können, meinen »Fall« in Caracas zu übernehmen. Der 50-jährige Paolo, der aufgrund seiner langjährigen Heroin- und Methadonabhängigeit körperlich mindestens 30 Jahre älter wirkte und aus dem letzten Loch pfiff, hatte im Gefängnis mehrere Bestseller geschrieben. Da er von seinen üppigen Autorenhonoraren gut leben konnte, verschenkte er täglich Zigaretten und Süßigkeiten an die ärmsten und bedürftigsten Mithäftlinge.

Sie alle waren außergewöhnliche Männer, unabhängig davon, dass sie Straftäter und Gefängnisinsassen waren. Die meisten kamen aus ärmlichen Verhältnissen und mussten schon früh für sich selber sorgen. In einer privilegierteren Umgebung wären sie prominente Gelehrte, Geschäftsmänner oder einflussreiche Bürgerrechtler geworden. Falls ich je wieder reisen darf, würde ich gerne nach Pisa zurückkehren, einen Schrankkoffer mit Geschäftsklamotten mitbringen und eine Fotosession mit den Häftlingen abhalten. Ich versichere Ihnen, dass das Endprodukt eher einem Gruppenfoto von angesehenen Repräsentanten der Vereinten Nationen, Top-Bankern oder Unternehmensführern globaler Konzerne gleichen würde als einem Spiegelbild der gesellschaftlichen Schande. Wo und in welche Verhältnisse man geboren wird, bestimmt zu einem nicht unwesentlichen Teil, was aus einem wird. Selbstverständlich hat jeder bis zu einem gewissen Grad die Wahl, aber diejenigen, die das Glück hatten, in privilegiertcn Verhältnissen aufzuwachsen, haben wesentlich mehr Wahlmöglichkeiten, als die Unterprivilegierten. Dieses Ungleichgewicht kann nur mit Liebe, Wohltätigkeit und Mitgefühl ausgeglichen werden. Wenn jeder von uns, der mit einem günstigen Schicksal gesegnet wurde, seinen benachteiligten Schwestern und Brüdern jeden Tag auch nur ein bisschen helfen, geben und sie annehmen würde, wäre diese Welt ein echtes Paradies.

Kapitel 3:

Die Abwärtsspirale

Falsche Freunde

»Wenn du erfolgreich bist, wirst du falsche Freunde und echte Feinde gewinnen. Sei trotzdem erfolgreich.«

Mutter Teresa

Ich nehme meine Zeit im Gefängnis von ganzem Herzen an. Die Prüfungen und Drangsalierungen, denen ich dort ausgesetzt war, haben mein Leben für immer verändert. Sie haben mich zu einem besseren Menschen gemacht, und für diese Erfahrung bin ich immens dankbar. Allerdings empfinde ich auch eine gewisse Trauer, weil ich nicht mehr der Optimist bin, der ich einst war. Ich hatte diesen unglaublich naiven Glauben, wenn man anderen Menschen beim Aufbau ihrer Karriere und ihres Vermögens helfe, würden sie dankbar sein und diese Unterstützung wertschätzen. Noch dümmer war, dass ich glaubte, diese vermeintlichen Freunde würden umgekehrt auch mir helfen, wenn ich mich in einer ähnlich prekären Lage befände. Wie konnte ich mich nur so täuschen.

Im März 2014, nachdem ich so viele Prozesse und Berufungsverfahren in Italien verloren hatte und bei der Suche nach alternativen Lösungen sowohl von Deutschland als auch der Schweiz abgewiesen worden war, wurde mir klar, dass meine Auslieferung mit an Sicherheit grenzender Wahrscheinlichkeit stattfinden würde. Mathematisch betrachtet betrug die Wahrscheinlichkeit mehr als 99,9 Prozent. Mein Anwaltsteam bereitete sich daher auf den US-Prozess vor, während ich im Metropolitan Detention Center in Los Angeles inhaftiert würde. Mein amerikanischer Anwalt Jan Handzlik besuchte mich an einem Mittwochnachmittag und teilte mir mit, ich müsse mindestens zwei Millionen Dollar, besser noch drei Millionen, aufbringen, um eine erstklassige Verteidigung aufzubauen. Ich hatte den größten Teil meines verbliebenen Bargelds damit verbrannt, Zivilklagen abzuwehren, die im Jahr 2012 in den USA gegen mich erhoben worden waren, und mich in Italien gegen die Auslieferung zu wehren. Meine monatlichen Anwaltsrechnungen beliefen sich auf 300 000 Dollar, und ich besaß nicht einmal annähernd die nötige Summe zu meiner Verteidigung.

Als Finanzexperte, vor allem einer, der mit der Absicherung von Risiken vertraut war, hatte ich zwei Notfonds über insgesamt 1,2 Millionen Dollar eingerichtet. Das war meine letzte finanzielle Zuflucht, mein sogenanntes »nest egg«, wie man im Investmentgeschäft sagt, für den Fall, dass ich jemals in eine wirklich schwierige Situation geraten sollte. Wie es einem echten Risikomanager entspricht, waren diese beiden Töpfe auf zwei Personen aufgeteilt, weil es unwahrscheinlich war, dass beide Treuhänder, die ich als echte Freunde, um nicht zu sagen Seelenverwandte betrachtete, ihre Verpflichtungen missachten würden, sollte ich sie einmal brauchen. Diese Gelder waren lebenswichtig und bildeten eine hervorragende Anzahlungssumme für meine Verteidigung in den USA, bis ich mir mehr Geld beschaffen konnte.

Auch da irrte ich mich, wie so oft, wenn ich »Freunden« oder sogar Familienangehörigen vertraute. Ein alter Schulfreund, den ich eingestellt hatte, als er aufgrund eines riesigen Finanzskandals Anfang der Neunziger arbeitslos war, erpresste mich schließlich um ein kleines Vermögen. Ein anderer, der de facto mein Protegé und Teil meiner Familie gewesen war und mithilfe unserer Verbindung zum Millionär aufgestiegen war, diente sich als Hauptzeuge der Staatsanwaltschaft an. Mein Haupttreuhänder hatte die bescheidene Summe von 20 Millionen Dollar verschleudert und veruntreut. Diese Summe wäre mehr als ausreichend gewesen, um alle gegen mich erhobenen Zivilklagen und Strafanzeigen zu beenden.

Meine vermeintlichen Seelenverwandten hatten meine Notfonds geplündert. Ich war am A....! Mir blieb nichts anderes übrig, als hausieren zu gehen. An jenem Nachmittag nach Jans Besuch im Gefängnis, setzte ich mich hin und schrieb Bittbriefe an zwölf Personen, die mir helfen konnten, meine Verteidigung zu finanzieren. Nur einer von ihnen, ein alter Kumpel aus den Tagen an der Harvard Business School, schuldete mir nichts. Die anderen elf hatten alle mächtig von der Verbindung zu mir profitiert. Dieses Thema deprimiert mich zu sehr, als dass ich in Details einsteigen möchte, aber man kann ohne rot zu werden, sagen, dass das liquide, verfügbare Nettovermögen dieser Personen zusammengenommen mehr als eine Milliarde Dollar betrug. Unter ihnen waren sogar einige Familienangehörige. Jede von diesen elf Personen weiß, dass ich eine erhebliche Rolle beim Aufbau ihres Vermögens, der Erlangung eines profitablen Postens, der Rettung vor der Insolvenz und in einem Fall sogar vor lebensgefährlichen Bedrohungen gespielt habe. Als ich diese Briefe schrieb – ich, der Mann, der sich selbst erschaffen hatte, wie mein Sohn Conrad sagte –, erniedrigte ich mich auf die Stufe eines Bittstellers, der um Almosen bettelt. Das war für mich eine ganz harte Nuss, da ich praktisch nie von irgendjemandem in dem Maße abhängig gewesen war, wie diese Personen von mir profitiert hatten.

Um es kurz zu machen – ich möchte mich nämlich immer übergeben, wenn ich an diese scheinheiligen »Freunde« denke –, das Ergebnis sah wie folgt aus: Der Freund, der mir gar nichts schuldete, bot mir 50 000 Dollar an. Der reichste Mann aus der Gruppe der Adressaten, den ich finanziert hatte, als niemand anderes dazu bereit war, bot mir die gleiche Summe an. Das war mehr als eine saftige Ohrfeige, aber immerhin würden 100 000 Dollar für zehn Tage anwaltlicher Unterstützung reichen. Ein weiterer Adressat bot mir an, mir bei meiner Verteidigung zu helfen und drängte mich, meine Akten genauestens zu prüfen. Das war geradezu absurd, da das gesamte Aktenmaterial zu meinem Fall ungefähr einer Datenmenge von drei Terabytes entsprach. Damit kann man ein geräumiges Wohnzimmer bis unter die Decke mit Dokumenten füllen. Das Gefängnismanagement hatte mir nicht nur meine MS-Medikamente vorenthalten und das Recht auf Telefongespräche verwehrt. Die Wärter stahlen regelmäßig Geschenke und Süßigkeiten, die mir meine Familie und Freunde schickten. Ich hauste auf weniger als drei Quadratmetern und die Gefängnisbosse würden mir erlauben, mehr als 100 Kubikmeter an Akten zu empfangen?? Richtig! Dieser Ratschlag war ungefähr so realitätsnah wie der Abgesandte des Deutschen Konsulats, der mich nach den Waschmaschinen und Trocknern in unseren Gefängniszellen fragte. Es gab keine, wir wuschen alles mit der Hand, und als Trockner dienten die Fenster. Fünfzehn Monate lang durfte ich einen Computer nicht einmal aus der Ferne betrachten, geschweige Journalisten oder vertrauenswürdige Freunde empfangen oder wenigstens die dringendsten Telefonate mit meinen Anwälten führen. Wach auf, mein lieber kleiner »Bürokrat.«

Wie dem auch sei, das war's; das war die gesamte Ausbeute der wohltätigen Ader meiner langjährigen Geschäftsfreunde, die ich alle seit mehreren Jahrzehnten kannte. Diese kleine Episode erinnert mich an einen Abschnitt aus der Bibel (Matthäus 19,24), der lautet: »Und weiter sage ich euch: Es ist leichter, dass ein Kamel durch ein Nadelöhr gehe, denn dass ein Reicher ins Reich Gottes komme.« Ich bin äußerst bestrebt, nicht so ein kaltherziger und unbarmherziger Reicher zu sein.

Seit jener Zeit verwende ich das Wort »Freund« nur noch mit größter Vorsicht. Aber das ist in Ordnung, wir sind schließlich alle nur Menschen, mit großen Egos, viel Stolz und Eitelkeit. Ich war auch nicht viel anders. In einer derartigen Situation ist es am besten, man vergibt und vergisst. Warum soll man die schwere Bürde mit sich herumschleppen, in Zeiten größter Finsternis alleingelassen worden zu sein? Ich verzeihe leichten Herzens, aber vergessen fällt mir schwer. Weil ich nie Albträume hatte. Nicht einmal, nachdem ich lebensgefährlich angeschossen worden war und mit Mühe eine sechsstündige Operation überstand, bei der ich mehr als die Hälfte meines Blutes verlor. Auch nicht wegen der äußerst unbarmherzigen Behandlung, die ich fast jeden Tag erfuhr. Von einem Freund, einem Seelenverwandten, verlassen zu werden, verursachte mir viele Monate lang zahllose schlaflose Nächte. Für einen Seelenverwandten würde ich ohne zu zögern mein Leben geben. Mein Sohn hatte recht. Ich erwarte inzwischen wenig bis gar nichts mehr von anderen. Warum sollte ich auch? Mein Glaube gilt Gott, Jesus und Maria. Sie haben mich nie im Stich gelassen. Warum soll man so große Hoffnung und so großes Vertrauen in sterbliche Wesen setzen? Das ergibt keinen Sinn.

Rettende Engel

»Zu lieben, um wiedergeliebt zu werden, ist menschlich. Zu lieben um der Liebe willen, ist engelsgleich.«

Alphonse de Lamartine

Es gibt jedoch noch ein paar Engel auf der Welt. Diejenigen ohne jede Ressourcen, die selber genügend Probleme haben, boten mir die größte Unterstützung. Und sie erschienen in der kritischsten Phase, als ich beinahe vollkommen zerstört war. Meine Tochter Isabella besuchte mich in Pisa, als ich mein gesamtes Geld für meine Anwälte ausgegeben hatte und sicher war, dass ich nach Amerika ausgeliefert würde, mit keiner weiteren Ressource als einem gerichtlich bestellten überarbeiteten und überforderten Pflichtverteidiger. Die einzige Person, von der ich sicher war, dass sie mich niemals im Stich lassen würde, überließ mich meinem elenden Schicksal. Aber meine Tochter Bella gab mir einen Grund weiterzuleben: Ein Vater zu sein, egal wie begrenzt diese Rolle sein würde, wenn ich in einem amerikanischen Hochsicherheitsgefängnis vor mich hinvegetieren und irgendwann sterben würde. Eine wunderbare Frau aus meiner Vergangenheit tauchte auf, schrieb Briefe und hielt mir während eines Besuches im Gefängnis die Hand. Diese bemerkenswerte Frau gab mir Hoffnung in tiefster Hoffnungslosigkeit und versicherte mir, ich sei nicht alleine. Sie füllte eine große Leere in meinem Herzen. Mein lieber Freund Jürgen, der Mario Zanchetti aufgetrieben hatte, besuchte mich, nachdem ich bereits 35 Kilo Gewicht verloren hatte. Er ermutigte und spornte mich an, weiterzukämpfen. Er versetzte Berge, um Deutschland dazu zu bewegen, meine Auslieferung zu beantragen. Mehr darüber an späterer Stelle. Der einfallsreiche Mario Zanchetti fand immer wieder neue Wege, um meine Auslieferung zu verzögern, und bewies eine Freundschaft, die weit über die Anforderungen an sein Mandat hinausging. Dasselbe gilt für Adam und zu einem gewissen Grad auch für Gabriele, Jan und Xavier.

Der entschlossenste Rettungsengel war jedoch meine Mutter Uschi. Sie initiierte eine umfangreiche Medienkampagne, sprach mit der internationalen Presse und wies explizit auf die Torturen und Misshandlungen hin, denen ich in den italienischen Gefängnissen ausgesetzt war. Sie organisierte eine Petition und half mir, die Anwälte zu bezahlen. Sie drohte den italienischen Gerichten sogar mit Prozessen. Sie schrieb Briefe, telefonierte wöchentlich mit mir und gewann Dritte zur Unterstützung. Das ist an sich schon äußerst bemerkenswert, vor allem, wenn man bedenkt, dass meine Mutter zu jenem Zeitpunkt 81 Jahre alt war und an drei verschiedenen Formen von Krebs litt. Selbst meine abgebrühten Anwälte waren tief von ihrer Courage, Entschlossenheit und ihrem Kampfgeist beeindruckt. Nach dem sie sie in Aktion erlebt hatten, nannten sie sie nicht mehr bei ihrem Namen, sondern sprachen von ihr als die »Löwin« beziehungsweise die »Tigerin.«

Als meine Mutter mich wegen der Verschlechterung ihres Gesundheitszustands nicht mehr besuchen konnte, übernahm ihr Freund Klaus eine wichtige Rolle als mein Ersatzvater. Mein leiblicher Vater, der mich nach der Scheidung meiner Eltern fast 30 Jahre lang ignoriert hatte, schrieb mir in den 15 Monaten meiner Inhaftierung nicht einmal eine Postkarte. Mein alter Freund aus Kindheitstagen, Michael, besuchte mich insgesamt viermal. Zweimal verwehrten ihm die Wächter den Zutritt. Als er mir Delikatessen mitbrachte, musste er mitansehen, wie die Wärter die Geschenke, die mir zugedacht waren, in sich hineinstopften. Der Diebstahl seitens der Gefängniswärter war eine richtige Seuche. Meine Tante Tini, die in meinem Leben nur eine sporadische Rolle gespielt hatte, besuchte mich zweimal und bemühte sich intensiv, die Unterstützung meiner gleichgültigen Familienangehörigen zu gewinnen. Leider hatte sie keinen Erfolg. Einige versuchten zu helfen, aber diejenigen, die mir wirklich hätten helfen können, wurden von verschiedenen amerikanischen Regierungsbehörden eingeschüchtert und unter Druck gesetzt und waren buchstäblich paralysiert. Ich erinnere mich, dass einer von Bernie Madoffs Söhnen und auch der amerikanische Programmierer, Autor und Hacktivist Aaron Swartz aufgrund der unerbittlichen Drangsalierung durch die Behörden Selbstmord begingen. Das FBI übt in bestimmten Fällen oft einen so großen Druck aus, dass die Betroffenen zusammenbrechen oder ihrem Leben ein Ende setzen. Ich weiß aber, dass die Familienangehörigen, die dem Druck nicht zu widerstehen wagten, für mich beteten. Diese Gebete hatten eine große Macht. Sie war größer als die die kombinierte Macht der amerikanischen und der Schweizer Regierung.

Pater Don Paolo Glaentzer und Pater Keith Windsor gaben mir alle spirituelle Orientierung und Unterstützung, zu der sie in der Lage waren. Sie halfen mir, in tiefster Niedergeschlagenheit und Verzweiflung meinen Glauben zu bewahren. Sie gaben mir Hoffnung in völliger Hoffnungslosigkeit. Sie verhinderten, dass ich vom Glauben abfiel. Sie überzeugten mich, dass Selbstmord keine christliche Alternative sei. Andere schrieben wohlwollende und ermutigende Briefe. Mein Bruder, der mich nicht besonders leiden kann, kam sogar aus Deutschland angereist, um mich zu besuchen. Mein Verleger und Medienkontakt, Georg, besuchte mich ebenfalls. Das war eine ziemliche Leistung, weil alle Anfragen von Journalisten von den Richtern in Florenz kategorisch abgewiesen worden waren. Sahra Wagenknecht, der aufsteigende Stern der politischen Szene Deutschlands, hatte die Chuzpe, sich öffentlich für mich einzusetzen. Wenn es so wirkt, als hätte ich euch vergessen, macht euch keine Sorgen, das habe ich nicht. Ich danke euch allen von ganzem Herzen. Gott segne euch.

Alle die hier genannten Personen boten mir lebenswichtige Unterstützung und Rückhalt im Kampf gegen meine Ängste, meine Verzweiflung und Hoffnungslosigkeit. Sie gaben mir Gründe, auf dieser scheinbar endlosen Abwärtsspirale, die meine elende Existenz auszeichnete, nicht einfach aufzugeben. Sie halfen mir zudem, ein klein wenig Glauben an die Menschheit zu bewahren. Zwar mögen viele gleichgültig, sogar grausam erscheinen, aber die wenigen Menschen, die lieben und geben, machen das mehr als wett. Die Welt ist nicht völlig trostlos, solange einige wenige Engel unter uns leben. Sie machen das Leben lebenswert.

Beinahe hätte ich Johnny, alias Babykiller, vergessen, der mich immer wieder getröstet und mich ermutigt hat, weiterzumachen.

Der Babykiller

»Auf dem Thron hat man viele Sorgen; Reue ist die geringste unter ihnen.«

Jean Racine

Mein bei weitem bester Freund im Gefängnis war Johnny B. Bis zum heutigen Tag helfe ich ihm bei seinem Berufungsverfahren und seiner Familie, wann immer ich kann. Im Alter von 14 Jahren verließ Johnny Albanien – nachdem sich das Land vom Kommunismus abgewendet hatte – auf einem der ersten Flüchtlingsschiffe, die Kurs auf Italien nahmen. Das Schiff mit dem Namen Vlora, transportierte 1991 mehr als 10 000 Flüchtlinge nach Italien. Das Foto des heillos überfüllten Seelenverkäufers, das damals durch die Presse ging, vermittelte ein lebendiges Bild der albanischen Diaspora Anfang der Neunzigerjahre.

Für Johnny war Italien das reinste Paradies. Gleich nach seiner Ankunft wurde er in einem Waisenhaus untergebracht und anschließend von einem reizenden Paar aus dem kalabrischen Ort Locri adoptiert. Leider ist Locri eine der größten Brutstätten der kalabrischen Mafia. Das andere Problem war, dass Johnny keine Waise war. Er war bei sehr fürsorglichen und streng katholischen Eltern in einem traditionellen Familienumfeld in Nordalbanien aufgewachsen.

Zu der Zeit gab es in Albanien keinerlei Annehmlichkeiten über das strikt Lebensnotwendige hinaus. Was Johnnys Familie auszeichnete, war ein wunderschönes Seegrundstück nahe den Bergen, das die Familie mit Geflügel, Fisch, Gemüse, Honig und Obst versorgte. Das waren unter dem kommunistischen Regime heiß begehrte Dinge. Abgesehen davon und einem komfortablen Haus gab es allerdings nichts weiter. Die Kinder besaßen zwei Paar Schuhe, zwei Hosen, zwei Hemden und zwei Paar Socken. Als Johnny in Italien ankam, aß er zum ersten Mal in seinem Leben Schokolade. Selbst ein Fahrrad war in Albanien für ein Kind unerschwinglicher Luxus gewesen. Das einzige Problem, das Johnny lösen musste, war sich Zugang zu Geld zu beschaffen, um all die beeindruckenden Konsumartikel genießen zu können, die der westeuropäische Kapitalismus bot: Luxusuhren, Stereoanlagen, elegante Restaurants, Flachbildfernseher, schicke Autos und willige Frauen.

Johnnys falscher Waisenstatus flog ungefähr zwei Jahre später auf, weil er die ganze Zeit Kontakt mit seiner Familie in Albanien behielt. Als seine italienischen Eltern herausfanden, dass Johnnys leibliche Eltern in Albanien am Leben waren, war er bereits wirtschaftlich unabhängig. Innerhalb von zwei Jahren hatte er fließend Italienisch gelernt und herausgefunden, wie Kalabrien funktionierte und wer dort tatsächlich das Sagen hatte; die 'Ndrangheta. Er suchte Kontakt zu verschiedenen Mafiamitgliedern und stieg bald von Kleinkriminalität zu Schwerkriminalität auf. Mit 16 hatte er angeblich bereits drei Mafiosi der sizilianischen Cosa Nostra auf dem Gewissen und sich damit den Spitznamen »Babykiller« verdient. Johnny war darüber hinaus ein Meisterdieb, was er im Wesentlichen seiner hohen Intelligenz und seiner beeindruckenden Fähigkeit, im Dunkeln zu sehen, verdankte. Johnnys leibliche Familienangehörige verfügen alle über extrem scharfe Augen. Viele brauchten selbst im Alter von über 80 Jahren keine Brille. Nur vom Mond beleuchtet, dessen Licht durch die vergitterten Fenster fiel, schrieb Johnny nachts in unserer Gefängniszelle in Pisa Briefe und las.

Mit Anfang zwanzig etablierte sich Johnny als internationaler Agent, nachdem er in verschiedenen italienischen Gefängnissen alles über Kriminalität gelernt hatte. Johnny, der intelligent, ehrgeizig und äußerst effektiv war, lebte in verschiedenen europäischen Ländern sowie der Türkei, um seine kriminelle Karriere voranzutreiben. Überdies erweiterte er sein Sprachenrepertoire um Englisch und Französisch. Und er lernte viel über die wirtschaftlichen Aspekte des Drogenhandels, wobei er sich hauptsächlich auf Kokain und Heroin konzentrierte. Solide Englischkenntnisse sind im internationalen Drogenhandel Voraussetzung.

Als er seine verschiedenen internationalen »Trainee-Ausbildungen« beendet hatte, ließ er sich als hochrangiger regionaler Großhändler nieder. Im Jahr 2010, mit gerade einmal 30 Jahren, kontrollierten Johnny und seine albanischen Partner den Heroinvertrieb in der gesamten Toskana. Zweifellos gehörten sie zu den Großen in diesem Geschäft. Im selben Jahr wurde er verhaftet und zu 24 Jahren Gefängnis verurteilt. Im Verlauf seiner Karriere hatte Johnny außerdem ein unberührtes 16-jähriges Mädchen aus Albanien geheiratet, mit dem er zwei hübsche Töchter hatte.

Sie mögen sich fragen, was ein einst vielversprechender Abkömmling einer deutschen Industriedynastie mit einem albanischen Immigranten gemeinsam hatte, der sich in einen einflussreichen Schwerkriminellen verwandelt hatte. Mehr als man glauben möchte. Johnny war ein äußerst wiss- und lernbegieriger Mensch, der stets seinen Horizont erweitern wollte. Er identifizierte Marktchancen und arbeitete intensiv und fleißig, bis er diesen Markt beherrschte. Genau wie ich. Er hat nie auch nur einen einzigen Joint oder eine der Drogen angefasst, die er vertrieb. Er war daran gewöhnt, viele Stunden bis in die Nacht zu arbeiten, war in geschäftlichen Angelegenheiten extrem diszipliniert und zuverlässig – wie ich. Körperlich sind wir allerdings sehr unterschiedlich. Johnny ist eine Art Miniaturausgabe von Mike Tyson mit kahlrasiertem Kopf und unzähligen Tätowierungen. Was unseren Glauben angeht, waren wir jedoch wie Onkel und Neffe. Johnny wurde mein Projekt. An dem Tag, an dem ich ihn auf dem Gefängnishof beobachtete, hatte mich die Heilige Muttergottes gebeten, ihm zu helfen.

Ich habe Johnny nie erzählt, warum ich auf ihn zuging, aber ich versuche immer, das zu tun, um was mich die Heilige Muttergottes in IHREN Botschaften bittet, unabhängig wie schwierig IHRE Bitte in dem Moment erscheinen mag. An dem Tag, an dem ich auf Johnny zuging, bat SIE mich, IHREN armen Kindern zu helfen. Ich wusste mit Gewissheit, dass SIE mich auserwählt hatte, auf diese leidende Seele zuzugehen und mich nicht von ihrer furchterregenden äußeren Erscheinung und ihrem Auftreten abschrecken zu lassen. Mit 34 Jahren hatte Johnny in Sollicciano einen schweren Herzanfall erlitten und war zur Behandlung auf die Krankenstation von Pisa verlegt worden. Er war pessimistisch, aggressiv und rastlos. Sein bester Freund in Sollicciano war Frank gewesen, der legendäre Auftragsmörder der Cosa Nostra, der für 38 Morde verurteilt worden war.

Wer wäre nicht aufgewühlt angesichts der Perspektive, weitere 20 Jahre im Gefängnis zu verbringen, vor allem in Anbetracht eines extrem schwachen Herzens? Johnny kannte seine jüngere Tochter kaum, all sein Geld hatten ihm »Freunde« und Geschäftspartner gestohlen oder wurde von inkompetenten Anwälten verschleudert. Er war nicht verurteilt worden, weil er irgendeinen Fehler gemacht hätte, sondern weil einer seiner Partner ausgepackt hatte, um selber eine geringere Strafe zu bekommen. Sobald er freikäme, wollte er den Verräter erledigen.

Während meiner Zeit in Pisa hatte ich mich intensiv, aber mit unterschiedlichem Erfolg, bemüht, meinen Mithäftlingen dabei zu helfen, Frieden und Sinn in ihrem verkorksten Leben zu finden. Dieser missionarische Eifer war das Kernstück meiner eigenen Bekehrung und außerdem eine Reaktion auf meine eigene Hoffnungslosigkeit und Verzweiflung. Der einzige Weg, um auf sinnvolle Weise weiterzuleben, bestand darin, von Herzen zu geben und anderen dabei zu helfen, Frieden und Hoffnung zu finden. Wenn es mir gelänge, andere zu unterstützen und ihnen einen besseren Lebensweg aufzuzeigen, würde meine eigene Existenz sinnvoller sein. Geben und helfen machte mich auch weniger unglücklich. Mein Sohn Conrad beschrieb diese Wandlung vom Saulus zum Paulus in seinem Schulaufsatz. Selbstmitleid, Schuldzuweisungen an andere, das System oder die Welt für die eigenen Missgeschicke und erlittene Ungerechtigkeit, steigern nur die Niedergeschlagenheit. Das ist eine Sackgasse, die nirgendwo hinführt. So viel hatte ich erkannt.

Der Schlüssel zur Hilfestellung für andere ist Mitgefühl und die Fähigkeit, zuzuhören. Wenn ich zu jemandem Kontakt aufnehmen möchte, benutze ich stets dieselbe Methode. Ich atme ungefähr sieben Sekunden langsam mit geschlossenen Augen ein und dann atme ich weitere sieben Sekunden tief aus und sehe die betreffende Person an, während ich im Stillen zu mir sage: »Ich bin dieser Mann« oder »Ich bin diese Frau«. Diese Übung hat noch nie ihre Wirkung versagt. Auf diese Weise kann ich mit jedem Menschen Kontakt aufnehmen, selbst mit Johnny B., Hardcore-Junkies und Auftragsmördern. Ich hörte mir mehrere Tage Johnnys Story an, bevor ich ihn fragte, ob er an Gott glaube. Johnny antwortete, Gott habe ihn verlassen. Sie müssen wissen, dass Johnny sich vor seinen schätzungsweise 2 000 Einbrüchen stets bekreuzigte. Aufgrund seiner katholischen Erziehung war er ziemlich bibelfest. Meine Reaktion auf Johnnys Antwort lautete: »Glaubst du nicht, dass du Gott verlassen hast, seit du in Italien angekommen bist? Glaubst du, Gott hat den reuigen Mörder am Kreuz verlassen?«

Nach einem Monat derartiger Gespräche machte unsere Beziehung große Fortschritte. An einem bestimmten Punkt half mir Johnny weitaus mehr, als ich ihm helfen konnte. Als ich nach einer weiteren gerichtlichen Niederlage am Boden zerstört war, war er derjenige, der mir sagte, ich solle meinen Kummer der Heiligen Muttergottes vortragen, Gottes Willen akzeptieren und noch mitfühlender mit anderen Häftlingen sein, die sich in ihrer Suche nach Orientierung an mich wandten. Johnny schenkte mir mehrmals freundliche Worte und Orientierung. »Akzeptiere Gottes Willen und bete mit Zuversicht« war einer seiner vielen brillanten Ratschläge. Er drängte mich, meinen nabestehenden Angehörigen zu vergeben, die mich aus Angst im Stich gelassen hatten. Und genau das tat ich. Im Verlauf unserer stundenlangen Gespräche wurde Johnny klar, dass seine früheren Lebensentscheidungen ihm und seiner kleinen Familie nichts als Elend gebracht hatten. Schließlich beschloss er, einen anderen Weg zu nehmen. Er schrieb sogar ein wunderschönes Gedicht und sandte es Papst Franziskus im Vatikan, der erstaunlicherweise antwortete. Johnny kümmerte sich zudem um einen 70-jährigen nachrangigen 'Ndrangheta-Boss in unserer Zelle. Er wusch ihm die Füße und ölte seine Haut. Er verhielt sich wie der perfekte Sohn gegenüber seinem alten, leidenden Vater. Wir sind nun eine Familie. Johnny nennt mich Onkel und ich nenne ihn Neffe. Wir schreiben uns mindestens zweimal im Monat. Sein Herz hat sich stabilisiert, und er ist dabei, sich mit seiner Frau auszusöhnen.

Drei Monate lang, bis zu meiner Freilassung am 3. Juni 2014, sprachen wir gegen Mitternacht eine Stunde lang Gebete. Johnny wurde zudem ein frommer Befolger der Botschaften Unserer Lieben Frau der Gnade. Er schrieb rührende Briefe an seine albanischen und italienischen Eltern, in denen er sie um Vergebung bat. Er wollte auch nicht mehr den Verräter umbringen, der ihn verpfiffen hatte. Schließlich akzeptierte Gabriele Zanobini, mein hoch effektiver Anwalt aus Florenz, Johnny als Mandant. Nach seinem Herzinfarkt in Sollicciano erlitt Johnny einen zweiten in Pisa, weil man ihm die falschen Medikamente gegeben hatte. Johnny trägt ein schweres Kreuz, aber es gibt Hoffnung.

Während ich diese Zeilen schreibe, ist es laut Gabriele Zanobini ziemlich wahrscheinlich, dass Johnnys verbleibende abzubüßende achtjährige Haftstrafe um 42 Monate verkürzt wird. Offensichtlich hatte die italienische Justiz das Strafmaß falsch berechnet. Sein früherer Anwalt hatte diesen schweren Fehler übersehen. Gabriele Zanobini war es aufgefallen. Ich habe mit Johnnys Frau gesprochen und seinen Bruder getroffen. Johnny hat nicht nur einen besseren Lebensweg beschritten, sondern auch eingesehen, dass seine früheren Taten Tausenden von Menschen schweren Schaden zugefügt haben. Ich bin davon überzeugt, dass Johnny nie wieder rückfällig werden wird, und ich bin sicher, dass Gott ihm vergeben hat und die Heilige Muttergottes Pläne für seine Freilassung hat. Möge Gott dir und deinen Angehörigen beistehen, Johnny.

Die Befreiung aus den Ketten

»Jeder Mensch hat die freie Wahl. Jeder ist frei, den Naturgesetzen zu gehorchen oder sie zu missachten. Deine Wahl bestimmt die Konsequenzen. Niemand hat je oder wird je den Folgen seiner Entscheidungen entkommen können.«

Alfred A. Montapert

Als ich das erstinstanzliche Verfahren in Florenz und das Berufungsverfahren vor dem toskanischen Gericht verloren hatte und sich der Richter weigerte, meine Verlegung in eine spezielle MS-Klinik anzuordnen, wurde der Gedanke an einen Ausbruch aus dem Gefängnis immer attraktiver. So korrupt und unfähig, wie das italienische Justizsystem auch sein mag, es ist noch nicht ganz so verkommen, wie es das kolumbianische Justizsystem unter der Herrschaft des Drogenbarons Pablo Escobar einst war. Sogar für derart seltene Fluchtprojekte gibt es jedoch Spezialisten. Gewalttätige Gefängnisausbrüche enden üblicherweise im Desaster und sind selten. Aber jedes Jahr gelingt ein paar Häftlingen die Flucht. Während ich behutsam ein Netz an Informationen aus erstklassigen, vertrauenswürdigen Quellen spann, erreichte mich eine Botschaft von außen. Meine Mutter hatte einen berüchtigten und konfrontativen Privatdetektiv zu der Frage konsultiert, wie man mich aus dem Gefängnis von Pisa holen und nach Deutschland schaffen könne.

Der Strippenzieher war in diesem Fall wieder einmal Josef Resch, der Häscher, der mich einst rund um den Globus gejagt hatte, in der Hoffnung, ein Kopfgeld von 1,5 Millionen einstreichen zu können sowie 20 Prozent aller Gelder, die man aus mir hätte herauspressen können. Augenblicklich ertönte in meinem Inneren ein schrilles Alarmsignal. Mein erster Gedanke war: »Wieder dieser verdammte JR! Dieser Typ muss der gerissenste Geschäftsmann der Welt sein!« Auf der anderen Seite war ich nicht sicher, ob JR ein Bluffer oder ein ernsthafter Verhandler war. In Paris und Chile war er mir gefährlich nahe gekommen. Er hatte sich Zugang zu meinem engsten Kreis verschafft. Und das war gar nicht so leicht.

Das Honorar für die erfolgreiche Organisation des Gefängnisausbruchs sollte sechs Millionen Euro betragen, inklusive des sicheren Transports nach Deutschland. Einige Wochen später und nach diversen Verhandlungen konnte diese Summe auf 5.150.000 Euro gesenkt werden. Ich, der ehemalige Beinah-Dollar-Milliardär, konnte aber nicht einmal diese lächerliche Summe aufbringen. Aufgrund der mörderisch hohen Anwaltsrechnungen und der Diebstähle waren meine liquiden Mittel auf eine Summe weit unterhalb dieses Betrags geschrumpft und meine Mutter hatte nicht einmal annähernd eine solche Summe zur Verfügung. Millionen lagen in der Schweiz auf eingefrorenen Konten, auf die ich keinen Zugriff hatte. Andere Personen, die mir sehr nahestehen, weigerten sich rundheraus, ein derart gewagtes und im Wesentlichen illegales Vorhaben zu finanzieren.

Ein tschetschenisch-albanisches Joint Venture bot mir den gleichen Service für die Hälfte an. Das war finanziell beinahe machbar. Der Resch-Plan war allerdings ein Spaziergang, wohingegen der Grosny-Tirana-Plan eine Hubschrauberaktion vom Gefängnishof aus vorsah. Das konnte definitiv in einer schweren Schießerei mit automatischen Schnellfeuergewehren vom Typ AK 47 oder eher noch Uzis enden. Die ethische Seite dieses Plans missfiel mir. Dabei würden höchstwahrscheinlich nicht wenige Gefängniswärter getötet. Zwar lagen mir diese Typen nicht besonders am Herzen, aber einige von ihnen waren gute Männer und Väter. Noch viel wichtiger war jedoch der Umstand, dass ich daran glaubte, dass die Heilige Muttergottes eine Lösung finden würde. Schon so oft war das, was SIE mir in IHREN Botschaften mitgeteilt hatte, auch eingetreten.

Vor meinem ersten Prozess sagte mir Maria, SIE würde eingreifen. Die Amerikaner schafften es nicht einmal, einen formellen Auslieferungsantrag zu stellen. Beim zweiten Prozess sagte SIE mir, ich würde ihn zwar verlieren, aber das sei lediglich eine Schlacht in einem Krieg, den SIE gewinnen würde. Außerdem sagte SIE mir, ich solle IHR vertrauen und in Hoffnung beten. Darüber hinaus missfielen mir die mit beiden Ausbruchsplänen verbundenen Risiken. Eine Vorauszahlung konnte mit dem Dienstleister auf Nimmerwiedersehen verschwinden. Beide Anbieter waren zwar mit einem Erfolgshonorar auf Basis des nachweislichen Vermögens, sowie das tschetschenisch-albanische Joint Venture mit einer angemessenen Anzahlung zufrieden, allerdings betrug diese Anzahlung, die in Gangsterkreisen oft als »setup money« oder Organisationsgebühr bezeichnet wird, immer noch rund eine Million Euro. Und falls ich abgezockt wurde, würde das bedeuten, dass ich innerhalb weniger Wochen ohne Rechtsbeistand dastehen würde. Anwälte vom Kaliber meiner Verteidiger arbeiten nicht honorarfrei an anspruchsvollen Fällen wie meinem. Daher verwarf ich die tschetschenisch-albanische Option. Bei dem Projekt Josef Resch ging es dagegen niemals um eine Anzahlung, sondern ausschließlich um eine rein erfolgsabhängige Transaktion. Meine Mutter hatte dennoch die hypothetische Anzahlungshöhe von 150.000 Euro mobilisiert. Resch hätte Sie locker abzocken und das Geld einkassieren können. Das hat er aber nicht. Und genau das habe ich ihm auch nach meiner Freilassung gesagt und mich bei ihm bedankt. Unterdessen blieb ich in Pisa, betete und flehte die Gnadenvolle Mutter an, mich aus meinen Ketten zu befreien.

Integrität

*»Die Größe eines Mannes liegt nicht in dem Reichtum, den
er anhäuft, sondern in seiner Integrität und seiner Fähigkeit,
einen positiven Einfluss auf seine Mitmenschen auszuüben.«*

Bob Marley

Mein Anwaltsteam, meine Mutter und mehrere andere Engel, wie Jürgen Weidinger, ließen nichts unversucht, um mich aus dem Gefängnis zu holen oder zumindest in eine Umgebung zu bringen, in der sich mein rapide verschlechternder Gesundheitszustand stabilisieren ließe.

In den Jahren 2006 und 2007 hatte ich indirekt mit der finanziellen Sanierung der FDP zu tun. Die FDP verlor Geld und hatte aufgrund von Missmanagement erhebliche Schulden angehäuft. Mehrere meiner Geschäftspartner machten sich daran, Ordnung in die Finanzen zu bringen. Die FDP war seit mehr als 50 Jahren im Parlament vertreten, und auch wenn sie nicht zu den beiden größten Parteien gehörte, war sie häufig an Regierungskoalitionen beteiligt, entweder mit der CDU oder der SPD. Auf der Höhe ihrer Popularität, im Jahr 2009, erreichte die FDP bei den Bundestagswahlen knapp unter 15 Prozent. Dieses Ergebnis wäre kaum möglich gewesen, wenn die Finanzen der Partei nicht von einer Reihe unabhängiger Unternehmer saniert worden wären. Zwar waren meine direkten Beiträge eher gering, aber meine indirekte Rolle bei diesen Finanzierungsinitiativen war beträchtlich. Als Folge dieses Engagements traf ich Guido Westerwelle, den damaligen Parteivorsitzenden und zukünftigen Außenminister auf dem 80. Geburtstag des ehemaligen Außenministers Hans-Dietrich Genscher. Ich hatte, wenn überhaupt, nur ein geringes Interesse an Politik, obwohl ich einst Sonderbotschafter war. Meine primitive Sicht der Politik lautet, dass mehr als 80 Prozent der Politiker zu tun haben, was das

Großkapital oder die Amerikaner ihnen vorschreiben, oder ganz einfach, was die Wirtschaftsbedingungen diktieren. Das war nicht immer so. Aber heutzutage sind viele Politiker eher Marionetten, die nur im Rampenlicht glänzen. Die Öffentlichkeit sieht die vielfältigen Fäden nicht, die sie in die eine oder andere Richtung lenken. Die Mehrheit der selbsternannten Repräsentanten des Volkes ist nichts anderes als Marionetten, die nach der Pfeife der wirklich Mächtigen dieser Welt tanzen. Politik ist ein riesiges Illusionstheater.

Ich habe nie in irgendeiner Weise von meiner Verbindung zu Westerwelle oder der FDP profitiert. Im Jahr 2013 erhielt ich eine Einladung als Redner vor dem *Deutschen Unternehmertag*. Ungefähr zwei Wochen vor dieser Veranstaltung wurde ich von einem hochrangigen Informanten gewarnt, ich solle den Unternehmertag meiden, da ich möglicherweise verhaftet würde. Diese Information stammte angeblich aus den höchsten politischen Kreisen. Natürlich nahm ich diese Warnung sehr ernst, allerdings sagten mir meine Rechtsexperten und verdeckten Quellen, es gebe nichts zu befürchten. Im Rückblick muss ich sagen, dass ich wirklich dumm war, nicht auf diese Warnung zu hören, denn in Deutschland wäre ich unter allen Umständen sicher gewesen. Nach München zu reisen, um den allgegenwärtigen Detektiv Josef Resch zu treffen, und dann weiter nach Florenz zu reisen, um meinen Sohn Conrad zu sehen, war irgendwo zwischen hirntot und hirnamputiert, wenn man die Informationen bedenkt, über die ich zu dem Zeitpunkt verfügte. Es gibt keinerlei Entschuldigung für diese sträfliche Sorglosigkeit. In meiner eigenen Vorstellungswelt wollte ich einfach der Vater sein, der ich so lange nicht gewesen war. Ich dachte, ich täte das Richtige. In diesem Szenario wäre ein rein rational denkender, risikoneutraler Mensch niemals nach Italien gereist. Und ich hätte auf den Rat hören sollen, den Jesus angesichts drohender Gefahr seinen Aposteln gab: »*Siehe, ich sende euch wie Schafe mitten unter die Wölfe; darum seid klug wie die Schlangen und ohne Falsch wie die Tauben*« (Matthäus 10,16).

Als ich im Gefängnis einsaß, ging ich im Geiste die lange Liste an Leuten durch, die in meiner Schuld standen – eine Liste, die im Verlauf der Jahrzehnte immer länger geworden war. Zwei Namen fielen mir als Erstes ein. Der deutsche Außenminister Guido Westerwelle und Lady Ellen Johnson Sirleaf, Präsidentin von Liberia und Nobelpreisträgerin. Ellen Johnson Sirleaf besiegte den ehemaligen Weltfußballer des Jahres 1995 und Politiker George Weah in den Präsidentschaftswahlen von 2005. Ich war mit beiden Kandidaten vertraut und fühlte mich ein wenig befremdet von dem Netz an Korruption, das sich damals rund um Weah zu spinnen begann. Ellen Johnson Sirleaf war die erste demokratisch gewählte Präsidentin einer afrikanischen Nation. Dann wurde sie mit dem Nobelpreis ausgezeichnet. Zwar neigen die Liberianer zum Klagen, aber Präsidentin Johnson Sirleaf war eine hervorragende Präsidentin, die das Land aus dem totalen Chaos herausgeholt hat. Neben der Renovierung der liberianischen Botschaft in Paris, dem Bau der modernsten Schule des Landes sowie des Nationalstadions für Basketball, restrukturierten ein vermögender griechischer Reeder und ich auch die Vertretung Liberias bei der UNESCO in Paris. Mir ist es wichtig, darauf hinzuweisen, dass ich niemals ein Geschäft mit Liberia gemacht noch auf irgendeine andere Weise von Liberia profitiert habe. Liberia stand in meiner Schuld, und diese war leicht zehn Millionen Dollar wert. Naiv, wie ich damals war, schrieb ich Präsidentin Johnson Sirleaf und teilte ihr mit, ich befände mich in Haft und solle nach Amerika ausgeliefert werden. Ich fragte sie, ob sie bereit wäre, sich im US-Prozess für mich einzusetzen. Mario Zanchetti, mein hochkompetenter italienischer Anwalt, schickte den Brief ab. Es gab nie eine Antwort. Erster Schlag!

Das deutsche Außenministerium hat großes Gewicht in Italien. Alles, worum ich Guido bat, war, dass er die Einschätzung der fünf Neurologen unterstützen und seinen Befürchtungen Ausdruck verleihen sowie ihre Empfehlung unterstützen möge, man solle mich in eine spezielle MS-Klinik in Italien verlegen. Immerhin bin ich ein deutscher Bürger. Laut dem Europäischen Gerichtshof für Menschenrechte habe ich im Gefängnis Anspruch auf eine angemessene Behandlung, zumal in einem EU-Land. Außerdem hat die Äußerung einer von fundierten Gutachten gestützten Befürchtung über meinen Gesundheitszustand nichts mit dem amerikanischen Auslieferungsbegehren zu tun, noch wäre das in irgendeiner Weise eine Einmischung in den Gerichtsprozess in Italien gewesen. Eine kurze Note der Deutschen Botschaft an das italienische Justizministerium hätte vielleicht zehn Minuten Zeit beansprucht und den Unterschied zwischen Stabilisierung und einer rapiden Verschlechterung meiner körperlichen und geistigen Verfassung bedeutet. Und was macht der durchschnittliche Politiker, wenn er mit einem potenziell heiklen Problem konfrontiert ist? Nichts. Es wurden sogar von höchster Stelle explizite Anweisungen gegeben, keine irgendwie geartete Unterstützung im Hinblick auf die angemessene Beurteilung und Behandlung meiner Erkrankung zu geben, weil jede Verbindung zwischen der Politik und dem »deutschen Madoff« ein schlechtes Licht auf die Entscheidungsträger werfen können. Zweiter Schlag.

Nun, wenn ich irgendetwas bin, dann ein Kämpfer. Einige ehemalige Geschäftspartner haben mich als eine »Mischung aus Mike Tyson und Einstein« beschrieben. Was Einstein angeht, bin ich mir allerdings nicht ganz sicher. Und dann entwickelte wieder einmal Jürgen W. diese brillante Rechtsstrategie. »Wir müssen Florian nach Deutschland ausliefern lassen.« Das einzige Problem war, dass ich mir eine Straftat zuschulden kommen haben lassen musste, die als Begründung für einen Auslieferungsantrag Deutschlands qualifiziert war. An diesem Punkt war ich bereits so verzweifelt, dass ich bereit war, irgendeine Straftat zu erfinden, nur um nach Deutschland ausgeliefert zu werden, anstatt in der amerikanischen Gefängnishölle zu verrotten. Einer der namhaftesten Strafverteidiger Deutschlands besuchte mich im italienischen Gefängnis. Gemeinsam prüften und analysierten wir Dutzende mögliche Transaktionen, die eventuell geeignet waren, einen deutschen Auslieferungsantrag zu begründen. Wir scheiterten, weil jede potenziell kriminelle Tat entweder längst verjährt oder zu wenig greifbar war. Nach ungefähr einer Woche erinnerte ich mich an eine beträchtliche Summe Gewinn, die ich mit einer Greenmailing-Aktion erzielt und nie den deutschen Steuerbehörden angezeigt hatte, obwohl ein erheblicher Teil dieser Transaktion innerhalb von Deutschland stattgefunden hatte. Steuerhinterziehung! Jackpot geknackt! Der äußerst gut verdrahtete Strafverteidiger kontaktierte daraufhin einen der erfahrensten Bezirksstaatsanwälte Frankfurts, der bereit war, einen Auslieferungsantrag zu stellen. Ich war äußerst hoffnungsfroh. Zwei Auslieferungsanträge aus verschiedenen Ländern – das würde die Dinge in Italien auf alle Fälle in Wallung bringen. Vor allem, falls ich akzeptierte, nach Deutschland ausgeliefert zu werden und meinen Kampf gegen die Auslieferung nach Amerika fortsetzte. Würden die Italiener dem deutschen Auslieferungsbegehren nicht stattgeben müssen? Meine abgebrühten Anwälte waren der Auffassung, rein juristisch betrachtet, hätte der deutsche Auslieferungsantrag Vorrang. Leider müssen alle deutschen Auslieferungsanträge vom deutschen Justizministerium genehmigt und offiziell an das Land übermittelt werden, aus dem die betreffende Person ausgeliefert werden soll. Und das war das Problem. Zwar teilte das deutsche Justizministerium die Auffassung, die Steuerhinterziehung reiche aus, um einen Auslieferungsantrag zu begründen, aber dennoch lehnten sie das Begehren der Frankfurter Staatsanwaltschaft mit der Begründung ab, »man wolle den Amerikanern nicht in die Parade fahren.« Genau wie das deutsche Außenministerium. Genau wie Italien. Genau wie die Schweiz. Alle zittern vor der amerikanischen Machtmaschinerie. Dritter Schlag. Du bist draußen.

Noch nie habe ich ein Nein als Antwort akzeptiert. Nun intervenierte mein Schweizer Anwalt Xavier und begann mit den Schweizer Behörden zu verhandeln. Wir waren bereit, ihnen alles auf einem goldenen Präsentierteller zu liefern, und wenn es bedeutet hätte, den Mord an JFK und Sharon Tate auf mich zu nehmen. Immerhin würde das erwartete Schweizer Strafmaß für dieselben Straftaten, die mir die USA vorwarfen, weniger als drei Jahre betragen – verglichen mit 225 Jahren ohne Aussicht auf Bewährung in Amerika. Die Verhandlungen zogen sich zäh über Monate hin. Doch selbst die Schweiz war nicht bereit, alle meine Schuldbekenntnisse zu akzeptieren, die ich anbot, um in den Genuss einer wesentlich kürzeren Gefängnisstrafe zu kommen, in dem Wissen, dass ich all die Vergehen, derer mich die USA beschuldigten, gar nicht begangen haben konnte. Nun, das war das Ende dieses möglichen Deals, denn wenn die Schweiz mich nicht wegen genau derselben Straftaten anklagte, die mir die amerikanische Staatsanwaltschaft vorwarf (das nennt man doppelte Strafverfolgung – ein verfassungsrechtliches Prinzip, demzufolge niemand wegen derselben Straftat zweimal verfolgt werden darf), würde ich nach einigen nutzlosen Jahren in Schweizer Haftanstalten nach Amerika ausgeliefert und dort für die verbleibenden Taten verurteilt werden. Der letzte Sargnagel war der Schweizer Staatsanwalt aus Lausanne, der meinem Schweizer Anwalt mitteilte, die Schweiz wolle sich »den Amerikanern nicht in den Weg stellen.«

Warum traut sich niemand, den Amerikanern Paroli zu bieten? Ist alles, was von dieser großen Nation kommt, so unverzichtbar für unsere eigene Gesundheit, unser Glück und unsere Freiheit? Nun, es gibt immer Ausnahmen von der Regel. Nachdem mich meine politischen »Freunde«, die meisten meiner Geschäfts»freunde« und auch mehrere Familienangehörige hatten fallen lassen wie eine heiße Kartoffel, erhielt ich Unterstützung aus einer Ecke, aus der ich es am wenigsten erwartet hätte. Als ehemalige Kommunistin und hochrangige Politikerin der Partei Die Linke, ergriff Sahra Wagenknecht für mich Partei. Diese äußerst prinzipientreue Frau verteidigte öffentlich das Anliegen eines berüchtigten Finanziers, einer der großen »Heuschrecken« und Erzkapitalisten, und zwar aus humanitären Gründen, aus Gründen meiner gesundheitlichen Probleme und meiner deutschen Staatsbürgerschaft. Aus juristischer und moralischer Sicht tat sie das Richtige. Sie hatte aus meiner Verteidigung absolut nichts zu gewinnen. »Wahnsinn«, dachte ich völlig verblüfft. Mein Kontakt mit Sahra Wagenknecht und ihrem bekannten Ehemann Oscar Lafontaine, die ich beide vor Jahren kennengelernt hatte, hatte sich auf nicht mehr als drei Stunden beschränkt. Anders als Guido oder Lady Ellen schuldete mir Sahra Wagenknecht überhaupt nichts. Tatsächlich war ich laut ihrer marxistischen Doktrin der Erzfeind der Arbeiterklasse. Natürlich hat eine Oppositionspolitikerin wenig Einfluss auf die Justiz. Dennoch, Sahra, Sie sind ein couragierter und strahlender Stern. Ich danke Ihnen und wünsche Ihnen alles Gute.

Ich bin diesen ständigen Kotau vor den Amerikanern ein wenig leid, vor allem, was mein Heimatland betrifft. Unser eigener Geheimdienst spioniert im Auftrag Amerikas europäische und deutsche Unternehmen aus und riskiert damit die kritischsten Industriegeheimnisse sowie Zehntausende von deutschen und europäischen Arbeitsplätzen. Wir beugen uns ständig dem amerikanischen Druck, selbst wenn wir wissen, dass es falsch ist. Ich habe aufgehört, Nachrichten zu verfolgen, weil jede Woche ein anderer Skandal ans Licht kommt, der deutlich macht, wie wir unsere eigenen Bürger verraten. Wir tolerieren die Folterung unschuldiger Deutscher in Guantánamo, haben verhindert, dass ein Held wie Edward Snowden in Deutschland eine Zeugenaussage macht, und all das nur wegen des Drucks, den Amerika auf Deutschland ausübt. Wir schnüffeln im Privatleben unserer Mitbürger herum und verletzten ihre verfassungsmäßig garantierten Rechte. Italien begnadigt amerikanische Scharfschützen, die illegalerweise italienische Bürger entführten. Amerika setzt seine eigenen Bürger auf Abschusslisten, ohne dass ihnen auch nur der Prozess gemacht würde. Vermögen wird ohne jeden Prozess konfisziert. Litauen und Polen unterhielten für die USA auf ihrem Boden Guantánamo-ähnliche Gefängnisse. Litauen untersucht diese Menschenrechtsverletzungen nicht einmal.

Kriege, die nur auf regierungsfabrizierten Lügen basierten. Millionen von Christen, die im Nahen Osten vertrieben wurden; die größte christliche Diaspora der Moderne. Wollen wir wirklich Teil dieser Hasskultur sein und uns auf diese Weise die Feindschaft der moslemischen Welt zuziehen? Eine Milliarde Menschen, die denselben Gott anbeten. Ich als Christ will das nicht.

In der überwältigenden Mehrzahl der Bundesstaaten unseres »wohlgesinnten und demokratischen« Verbündeten existiert immer noch die Todesstrafe. In dieser Hinsicht sind selbst die Russen zivilisierter. Amerika hat mehr demokratisch gewählte Regierungen gestürzt, als jede andere Nation in der Geschichte. Das nennt sich Regimewechsel, und der wird mit Milliarden blutiger Dollar bezahlt. Der demokratisch gewählte Präsident von Ägypten wird nun von Amerikas Handlangern hingerichtet. Amerika preist sich selber als größter Verteidiger der Demokratie, höchste moralische Autorität der Welt und selbsternannte Weltpolizei. Jetzt versuchen sie sogar, einen Regimewechsel beim Weltfußballverband FIFA zu erzwingen, indem sie absurde Vorwürfe und Straftaten zusammengebraut haben, nur weil sie nicht als Austragungsstätte der Weltmeisterschaft gewählt wurden. Also bitte! Vor vielen Jahrzehnten, genauer gesagt, vor rund 70 Jahren, waren die USA der Inbegriff demokratischer Werte und Tugenden, die Hitler und seinen skrupellosen Verbündeten das Handwerk legten.

Das heutige Amerika verteidigt ausschließlich seine eigenen Interessen, und das bedeutet im Wesentlichen die Interessen der stärksten Lobbykräfte zum Zeitpunkt der Präsidentschaftswahlen. Die Bevölkerung schert sie einen Dreck. Wir sollten uns nicht in ihre endlosen politisch motivierten Konflikte und Kriege hineinziehen lassen. Wenn wir uns nicht immer wieder an ihren subversiven Umsturzstrategien beteiligen würden, wären wir in Deutschland keinen terroristischen Bedrohungen ausgesetzt, so wie jede andere neutrale Nation, zum Beispiel Brasilien oder Südafrika. Das würde bedeuten, dass wir uns um die Spionagedaten, die uns der CIA und die NSA über terroristische Zellen in Deutschland liefern, nicht kümmern würden. Warum beteiligen wir uns an diesen neoimperialistischen, sündhaft teuren und völlig sinnlosen Konflikten? Warum zwingt Amerika allen anderen Nationen ihren Way of Life auf? Hat sich der amerikanische Traum nicht schon längst in einen amerikanischen Albtraum verwandelt?

Wie überall ist auch die Mehrheit der deutschen Bevölkerung aufgrund der Propaganda und schwachsinniger amerikanisch inspirierter Unterhaltungssendungen inzwischen gleichgültig und abgestumpft. Selbst hochrangige Minister geben öffentlich zu, dass wir tun müssen, was Amerika uns vorschreibt. Wenn wir einen Helden wie Edward Snowden empfangen, werden wir von wichtigen geheimdienstlichen Informationen abgeschnitten. Amerika könnte sogar deutsche Produkte boykottieren. Sind wir eigentlich eine souveräne Nation? Ist die EU eine souveräne Union? Widerstandslos akzeptieren wir diese pervertierte Moral und Scheinheiligkeit und gestehen damit ein, dass wir unfähig, überfordert und vollkommen abhängig sind. Warum? Weil wir Deutsche sind. Haben uns das Tausendjährige Reich, der Holocaust und das Stasi-Regime in Ostdeutschland wirklich nichts gelehrt? Angesichts unserer historischen Verfehlungen können wir Deutsche es uns wirklich nicht leisten, apathisch, defätistisch und amoralisch auf derart einfache ethische Probleme zu reagieren. Wir müssen aus unserer Geschichte lernen, unsere Gleichgültigkeit aufgeben und uns aktiv für das einsetzen, was richtig ist. Und was noch wichtiger ist: Wir müssen aufhören, uns ständig vor dem mächtigsten Arschloch zu verbeugen, ob es aus Amerika oder Asien stammt. Gleichgültigkeit, kurzsichtiger opportunistischer Pragmatismus, eine stumpfe Autoritätshörigkeit und Stillhalten haben uns schon einmal in Schwierigkeiten gebracht.

Das amerikanische Freihandelsabkommen TTIP, eines der größten Abkommen in der Weltgeschichte, wird derzeit ohne jegliche Transparenz oder Einbeziehung der Bürger und Wähler verhandelt. Die wirtschaftlichen Nutzen belaufen sich Schätzungen zufolge auf weniger als 0,1 Prozent zusätzliches Wachstum pro Jahr, werden den globalen Konzernen aber milliardenschwere Gewinnsteigerungen bescheren. Es ist sehr wahrscheinlich, dass als Folge dieses Abkommens die Lebensqualität der Mehrheit der europäischen Bürger sinken wird, während sich die überwältigende Mehrheit der globalen Konzerne und ihrer schwerreichen Eigentümer die Taschen füllen.

Wenn wir unser Verhalten nicht ändern und nicht endlich beginnen, uns gegen die Big-Brother-Kombination aus Regierungsinteressen und mächtigen Geschäftsinteressen zu wehren, verdienen wir nichts anderes, als von der IWF-G7-Connection unter der Obhut der Amerikaner vollends vereinnahmt zu werden. Der Industrie-, Militär-, Finanz- und Regierungskomplex ist zu Amerikas einundfünfzigstem Bundesstaat geworden. Und dieser Staat im Staat definiert alles und jeden. Wir müssen als Europäer davon überzeugt sein, dass wir in der Lage sind, unser Schicksal selbst zu bestimmen; dass wir als Einheit stark genug sind, die höchsten Menschenrechtsstandards, echte Freiheit und echte demokratische Prinzipien für unsere Bürger einzuhalten und durchzusetzen.

Freiheitsberaubung im April 2014

»Wenn du wissen willst, wer deine Freunde sind, verschaff dir eine Gefängnisstrafe.«

Charles Bukowski

Im März und April 2014 stand ich kurz vor der Kapitulation. Der Oberste Kassationsgerichtshof in Rom hatte entschieden, ich könne nach Amerika ausgeliefert werden. Das manipulierte medizinische Gutachten des Professors hatte seinen Zweck erfüllt. Die US-Agenten feierten. Meine Auslieferung stand kurz bevor, aber wieder intervenierte die Heilige Muttergottes. Nachdem sie versäumt hatten, einen offiziellen Auslieferungsantrag zu stellen, machten die Amerikaner einen zweiten großen Fehler. Arroganz und das selbstgefällige Gefühl schrankenloser Macht kann zu Fehlern verleiten. Davon kann ich auch ein Lied singen. Amerika dachte, alle Berufungsmöglichkeiten seien ausgeschöpft. Sie sandten vier US-Marshals (Angehörige des United States Marshals Service, der unter anderem verschiedene Funktionen im Justizwesen übernimmt, darunter den Gefangenentransport) ins Gefängnis von Pisa, um mich zu eskortieren und nach Los Angeles zu bringen. Aber sie hatten ihre Hausaufgaben nicht gemacht.

Einige Tage vor der höchstrichterlichen Entscheidung hatte Professor Zanchetti zwei weitere Berufungsmöglichkeiten gefunden: das Verwaltungsgericht von Lazio und den Europäischen Gerichtshof für Menschenrechte in Straßburg. Erfahren und abgebrüht wie er war, ging Zanchetti davon aus, dass der Oberste Kassationsgerichtshof das italienische Verfassungsrecht den amerikanischen Interessen unterordnen würde. Das formale Datum meiner Auslieferung war mir mehr oder weniger bekannt. Meine Bestellungen im Gefängnisshop wurden abgewiesen. Stattdessen wurde ich aufgefordert, meine Sachen zu packen.

Da der Oberste Kassationsgerichtshof bewusst oder unbewusst übersehen hatte, dass eine Auslieferung an ein Land, in dem der auszuliefernden Person eine mehrfach lebenslängliche Haftstrafe ohne Aussicht auf Bewährung droht, gegen Grundrechte verstößt, die sowohl von der italienischen Verfassung als auch der europäischen Menschenrechtskonvention garantiert werden, setzten sowohl das Verwaltungsgericht von Lazio als auch der Europäische Gerichtshof für Menschenrechte meine Auslieferung wenige Stunden, bevor ich in Begleitung von vier US-Marshals Pisa in Richtung Los Angeles verlassen sollte, aus. Die US-Marshals waren außer sich. Zwei Gefängniswärter erzählten mir, sie hätten auf die Autos der italienischen Wärter eingetreten und die Wärter und ihre Nation als inkompetent und korrupt beschimpft. Das war ja wohl der größte Witz schlechthin. Die Italiener hatten die eklatanten administrativen Fehler der Amerikaner bereits zweimal vertuscht.

Der formale Bescheid über den Transport nach Amerika brachte ein weiteres italienisches Gesetz zum Tragen, das fest in der italienischen Verfassung verankert ist und von Dutzenden Präzedenzurteilen untermauert wird: Wenn ein Land, das einen Auslieferungsantrag gestellt hat, die italienischen Behörden offiziell davon in Kenntnis setzt, dass die betroffene Person an einem bestimmten Datum transportiert wird, muss die auszuliefernde Person innerhalb von 35 Tagen ab Bekanntgabe des Datums ausgeflogen werden. Geschieht das nicht, muss die Person nach Bestätigung der Nichtabholung durch einen lokalen Richter unverzüglich freigelassen werden. Letzteres ist eine reine Formalität. Weder das Verwaltungsgericht von Lazio noch der Europäische Gerichtshof für Menschenrechte hatten den Auslieferungsstopp innerhalb dieser 35 Tage aufgehoben, und als Folge musste ich in der ersten Aprilwoche freigelassen werden. Als ich hörte, dass die Auslieferung nicht stattfinden konnte, betete ich mit tiefer und von Herzen empfundener Dankbarkeit. Ich dankte auch meinen italienischen Verteidigern Mario und Gabriele für ihre brillante Verteidigungsstrategie.

Leider erwies sich meine Dankbarkeit als ein wenig verfrüht. Der lokale Richter, der meine Freilassung formal bestätigen sollte, war derselbe, der im April 2013 in erster Instanz meine Auslieferung nach Amerika beschlossen hatte, trotz des fehlenden formalen Auslieferungsantrags. Dieser zutiefst inkompetente Richter ignorierte auf eklatante Art und Weise das italienische Verfassungsrecht, das zudem von zahlreichen Präzedenzurteilen untermauert war, und weigerte sich einfach, mich auf freien Fuß zu setzen. Seine Urteilsbegründung war so schlecht formuliert und so offensichtlich korrupt, dass ich Ihnen die erbärmlichen Einzelheiten ersparen möchte. Unter dem

Druck der US-Regierung hatten die Italiener ihren unfähigen, korrupten und schlampigen amerikanischen Kollegen zum dritten Mal aus der Patsche geholfen.

Als Folge fand ich mich, juristisch ausgedrückt, in Italien meiner Freiheit beraubt. Von allen Menschen auf diesem Planten war ausgerechnet meine Mutter der unglückselige Überbringer dieser Botschaft. Wieder einmal hatte man mir den Kontakt zu meinen eigenen Anwälten verweigert; meine Mutter war die erste Person, die ich nach dem Urteil des Gerichts in Florenz zu Gesicht bekam. Ich flippte völlig aus, Stühle flogen durch den Besucherraum. Ich schrie wie ein Verrückter, Speichel rann mir aus dem Mund. Auf den Wärter, einen halbwegs anständigen Typen, der verschiedentlich Zigarren für mich ins Gefängnis geschmuggelt hatte, ging ich nicht los.

Ich hoffe, Sie verstehen, warum ich ausgerastet bin. Es hatte bereits so viele juristische Perversionen, medizinische Unterlassungen und sogar Folter gegeben. Meine eigene Regierung hatte kläglich versagt und die Schweiz spielte mit meinem Leben. Persönliche Enttäuschungen über ehemalige Freunde und sogar Familienangehörige verstärkten diese tiefe Frustration, die sich in der Gegenwart meiner Mutter in einer Explosion entlud. Ihre Krebstherapien hatten nichts bewirkt und es war unwahrscheinlich, dass sie noch lange zu leben haben würde. Mit ihr würde ich meinen größten weltlichen Anker verlieren. Ich hieb mit meinen Krücken auf die Tische ein und zerschmetterte Stühle. Schnell wurde ich in meine Zelle abgeführt. Nach einem Dutzend heftiger Schläge, die mir die Wärter mit ihren Schlagstöcken versetzten, kam ich zu Sinnen. Ich hob langsam meine Hände und sagte ihnen, ich würde sie nicht angreifen und den Schaden, den ich angerichtet hatte, würden meine Anwälte begleichen.

Glücklicherweise wurde ich nicht in Isolationshaft gesteckt. Ich musste mit Johnny reden und beten. Ich war am Ende und weinte stundenlang. Als ich vor Erschöpfung nicht mehr weinen konnte, flehte ich mit letzter Kraft die Heilige Muttergottes an.

»Geliebte Heilige Muttergottes, du musst dich dieser Sache annehmen. Ohne dich bin ich nichts. Ich kann das nicht alleine. Ich bin so schwach. Der Teufel ist viel zu stark für mich. Mein Leben, meine Seele und mein Herz liegen in deinen Händen. Rette mich. Komm zu mir. Hilf mir, mich auf dich zu verlassen, dir zu vertrauen und dich noch mehr zu lieben. Erlaube mir, meiner sterbenden Mutter in Deutschland zu helfen. Hilf mir, mich ganz dir anzuvertrauen. Es gibt keinen anderen Weg. Übernimm du die Führung. Jetzt. Ich flehe dich an. Ich brauche dich. Ich bin ganz in deinen Händen. Nur du kannst das! Ich danke dir für deine Liebe und deine Kraft und dafür, dass du meine Freilassung bewirkst und alles gut wird. Amen.«

Gesetze bedeuten in Europa so gut wie gar nichts, wenn die Amerikaner irgendetwas dringend genug wollen. Mario bestätigte, die CIA sei inzwischen darauf angesetzt, meine Auslieferung sicherzustellen. Nur Gott konnte diese Agenten des Teufels aufhalten.

Das amerikanische Machtspiel hörte damit jedoch nicht auf. Der intensive Druck veranlasste das Verwaltungsgericht von Lazio, den Auslieferungsstopp aufzuheben, ohne auf die zentralen rechtlichen Probleme einzugehen. Auch der Europäische Gerichtshof hob die Aussetzung mit dem Argument auf, es seien nicht alle administrativen Wege in Italien ausgeschöpft. Allerdings war der Europäische Gerichtshof stark an meinem Fall interessiert. In zwei früheren Urteilen hatte er die Auslieferung von Gefangenen nach England verweigert, denen dort eine 40-jährige Haftstrafe drohte. Derart lange Haftstrafen gehen nicht mit den Menschenrechtsstandards der EU konform. Der Europäische Gerichtshof für Menschenrechte weiß genau, dass eine mehrfach lebenslängliche Haftstrafe ohne Aussicht auf Bewährung europäisches Gesetz bricht. Mario Zanchetti wusste das. Als Ergebnis zog der Europäische Gerichtshof meine Anrufung, die ganz unten in einem Stapel Tausender ungelöster Fälle lag, hervor und legte sie obenauf.

Zweifellos waren die Richter des Europäischen Gerichtshofes von den Taktiken der US-Behörden, die ihre Muskeln spielen ließen, unbeeindruckt. Allerdings können sie eine Klage nur zulassen, wenn alle rechtlichen Möglichkeiten in dem entsprechenden EU-Land ausgeschöpft sind. Das ergibt natürlich Sinn, ist aber höchst unpraktisch. Nehmen Sie meinen Fall. Ich verliere in allen Instanzen. Erst wenn der normale Instanzenweg vollkommen ausgeschöpft ist, widmet sich der Europäische Gerichtshof meinem Fall. Bis der Europäische Gerichtshof aber zu einer Entscheidung kommt, können Monate oder sogar Jahre vergehen. Bis dahin hätten die Amerikaner alle Zeit der Welt, um mich nach Los Angeles zu schaffen. Selbst wenn der Europäische Gerichtshof irgendwann zu dem Schluss käme, meine Auslieferung sei nach europäischen Gesetzen illegal, wäre ich längst in den USA und die Amerikaner würden einfach herzlich lachen und einen Rücktransport nach Italien verweigern.

Ich hatte mich im Kreis bewegt. Von dem Richter in Florenz zu drei weiteren Gerichten und wieder zu demselben dubiosen Richter zurück. Amerika setzte alle seine teuflischen Hebel in Bewegung, um mich in die Heimat der freien und tapferen Bürger zu bringen. »Mamma mia«, was für ein Albtraum. Nun musste ich erneut vor dem Obersten Kassationsgerichtshof klagen, um die offensichtliche administrative Fehlentscheidung des Richters in Florenz, mir die Freilassung zu verweigern, zu korrigieren. Das konnte Monate dauern. Der Zeitraum zwischen der Ausschöpfung der letzten Berufungsmöglichkeit und der abschließenden Entscheidung des Kassationsgerichts über meine formale Freilassung würde den Amerikanern genügend Zeit geben, mich nach Amerika zu transportieren.

Da waren sie wieder. Sie hatten alle Hebel in Bewegung gesetzt, um mich in ihre Gewalt zu bringen. Den Richter in Florenz dazu zu bringen, eine eklatante Fehlentscheidung zu treffen, war wirklich teuflisch, aber in gewisser Weise eine brillant pervertierte machiavellistische Logik. In der Zwischenzeit flippte ich völlig aus. »Nichts kann dieses allmächtige Imperium aufhalten, nur Gott«, schoss es mir im April 2014 durch den Kopf. Unsere Liebe Frau der Gnade gab mir mithilfe IHRER Botschaften zu verstehen, SIE sei absolut in der Lage, diese Situation zu lösen. Ich müsse IHR vollkommen vertrauen und vertrauensvoll beten. SIE sagte mir, Gott sei stärker, und ich sagte mir, meine Anwälte seien um ein Vielfaches intelligenter als meine Häscher. Es gibt immer Hoffnung, bis es keine mehr gibt.

Glaube

> »Ich glaube an den Glauben. Glaube ist etwas, das funktioniert. Er bewirkt, dass Menschen Dinge tun, er führt zu Ergebnissen. Glaube ist eine nicht greifbare, undefinierbare und dennoch äußerst reale Angelegenheit. Und er bewegt Menschen, gelegentlich zu Monstrositäten und manchmal dazu, zu überleben.«

Tommy Lee Jones

Die alles entscheidende Herausforderung bestand darin, irgendwie in Italien zu bleiben, bis meine Klage gegen die Missachtung der 35-Tage-Regel vor dem italienischen Obersten Kassationsgerichtshof zur Verhandlung käme. Doch selbst für diesen Fall hatte ich nur wenig Hoffnung angesichts der Häufigkeit, mit der korrupte Gerichte unter dem extremen Druck der Amerikaner das Recht beugten. Zu jenem

Zeitpunkt hatte ich bereits ein halbes Dutzend wichtiger Verfahren und eine Reihe Gefechte verloren. Emotional betrachtet gab es zwei Bewusstseinsströme – einen weltlichen, den ich gerne als Weg der Eigenbemühungen bezeichne und der sich als vollkommen fruchtlos erwiesen hatte. Der andere war der Weg der Gebete und des Geistes. Im Wesentlichen ist das der Weg, über den ich versuchte, die Gnade einer weitaus höheren und mächtigeren Autorität zu erbitten – Gottes Gnade.

Da ich nur ein Mensch mit Fehlern, Zweifeln und Tränen bin, prüfte ich in der Zwischenzeit alternative Optionen, um bis zum 3. Juni 2014 in Italien bleiben zu können, ohne ausgeliefert zu werden. Eine Verzögerung um wenige Wochen konnte den entscheidenden Unterschied ausmachen. Ich begann, Informationen von den erfahrensten Häftlingen zu sammeln, wie man meine Auslieferung am besten hinauszögern könnte. Auf diesem Gebiet gab es mehrere kenntnisreiche, allerdings nicht vollkommen vertrauenswürdige Experten. Einer von ihnen war Mauro, eine Gefängnislegende, weil es ihm dreimal gelungen war, auszubrechen. Er war ein hochrangiges Mitglied einer großen kriminellen Bande aus Mailand gewesen. Ich hatte Mauro von meinem ersten Tag in Pisa an geholfen, indem ich ihm Geld gab, damit er sich die notwendigsten Dinge kaufen konnte. Außerdem half ich ihm bei den Formalitäten für seine Invalidenrente. Wohltätigkeit, Glaube, Liebe und Vergebung wurden im Gefängnis zu meinen zentralen Charaktereigenschaften. Das Wenige, das ich während meines Exils gelernt hatte, wurde hier gefestigt. Diese vier christlichen Säulen bewirken Wunder für die Seele. Sie geben einem eine größere Zufriedenheit, als eine egoistische, materialistische und nachtragende Haltung es vermag. Ich habe im Gefängnis zwei Leben gerettet und mein Bestes versucht, weiteren Seelen zu helfen, aber Gott will nicht, dass wir mit unseren guten Taten angeben, daher genug gesagt.

Mauro und ich sprachen lange über das Leben, über Glauben und darüber, wie er die wenigen ihm noch verbleibenden Jahre verbringen wollte. Mauro war in bitterer Armut aufgewachsen. Seit seinem zehnten Lebensjahr hatte er zum Teil auf der Straße und zum Teil in Heimen gelebt. Er war ein weiterer der autodidaktischen Gefängnisgenies. Mauro spielte meisterhaft Schach, und wenn es sein Methadonrausch zuließ und verschiedene Magengeschwüre und Tumore ihm nicht gerade das Leben zur Hölle machten, war er fast nicht zu schlagen. Außerdem war er ein ausgezeichneter Schachlehrer, der viele gute Tipps parat hatte. Als Teenager gelang ihm in einem Match gegen den damaligen Schachweltmeister Bobby Fisher einmal ein Unentschieden. Mauro zeigte mir auch, wie man am besten mit einem Messer umgeht, wenn man von einem Gegner bedroht wird.

Mauro gab mir alle Informationen, die ich brauchte, um mein italienisches Sabbatjahr zu verlängern. »Du hast mehrere Möglichkeiten. Du kannst ein Messer, Batterien oder Stifte schlucken. Worauf es ankommt, ist, dass das Zeug auf dem Röntgenbild zu sehen ist. Das heißt, egal was du schluckst, es muss Metall enthalten. Das Messer ist scheiße, weil es dich von innen aufschlitzen kann, aber wenn du vorher die Klinge stumpf machst, ist es nicht so schlimm. Die Batterie ist eine super Sache. Die laufen nur selten aus, aber wenn das passiert, bist du hinüber. Und das ist ziemlich qualvoll. Der Stift ist super. Warum? Weil du das Innenleben herausnimmst und etwas Aluminium hineinsteckst. Dann versiegelst du ihn, indem du den Stift an beiden Enden erhitzt. Achte darauf, dass die Enden nicht scharfkantig sind. Das ist leicht. Wenn der Stift durch deinen Darm wandert, wird er sich wahrscheinlich irgendwo verklemmen. Er ist zu lang und steif, um durch die gesamten Darmschlingen zu wandern. Das ist das, was du willst. Aber hey, zumindest wird die Tinte dich nicht vergiften und deine Gedärme werden nicht von scharfen Kanten aufgeschlitzt. Die Ärzte werden nicht die leiseste Vermutung haben. Das Ganze ist ziemlich harmlos. Aber sie müssen dich operieren. Sie müssen deinen Magen aufschneiden, einen Schnitt in deinen Darm machen und den Stift herausholen. Dann nähen sie dich wieder zu. Also, nach meiner Erfahrung sollte das deine Auslieferung um drei bis vier Wochen verzögern. »Keine tolle Idee«, dachte ich, aber einige zusätzliche Wochen konnten den Unterschied zwischen einem Leben in Freiheit und einem Leben hinter Gittern bedeuten.

Wenn du dich in einer Notfallstation befindest und dich die Ärzte aufschneiden, um einen Fremdkörper aus deinen Gedärmen zu holen, werden dich selbst die Italiener nicht in ein Flugzeug Richtung USA setzen. »Und ganz nebenbei solltest du dafür sorgen, dass die Wärter sehen, dass du den Stift oder was auch immer schluckst. Hier können sie keine internistischen Operationen durchführen. Auf diese Weise kommst du in ein anderes Krankenhaus und bist auch diese Hexe *Dottoressa* De Franco los. Hast du das auch alles verstanden, Ratzinger, oder muss ich das nochmal wiederholen?«, waren Mauros abschließende Worte. Ich antwortete: »Danke, Mann. Ich hab´s kapiert, Boss.«

Da ich nicht einmal zwei zehnminütige Telefongespräche pro Woche führen durfte, wusste ich nicht, ob meine Auslieferung immer noch ausgesetzt war. Ich wollte auf keinen Fall das Risiko einer plötzlichen Deportation durch die US-Marshals eingehen. Johnny, der einst aus Frankreich ausgeliefert worden war, erzählte mir, dass diese Art Deportation, vor allem in meinem Fall, üblicherweise ohne Vorwarnung durchgeführt wurde, und zwar vornehmlich spätabends oder im Morgengrauen. Das war mir eigentlich egal. Meine Harnwegsinfektion ließ mich sowieso nicht schlafen. So oft wie möglich bestellte ich etwas im Gefängnisshop, um vorab gewarnt zu sein, falls diese US-Marshals wieder auftauchten. Außerdem packte ich ein handliches Instrumentarium zusammen, bestehend aus einer kleinen stumpfen Messerklinge, einer Batterie und einem entsprechend vorbereiteten Bic-Einwegkugelschreiber. Ich hatte fast zehn Stunden damit zugebracht, die Messerklinge stumpf zu machen. Der Bic-Stift war ein Kunstwerk und leicht zu schlucken. Die kleine Batterie bedurfte keinerlei Bearbeitung, aber ich verwendete sicherheitshalber eine, die vollkommen leer war.

Ich übte das Schlucken dieser Gegenstände, was alleine schon ziemlich gefährlich war. Außerdem trank ich stündlich ein wenig Wasser mit Olivenöl gemischt, um meine Kehle geschmeidig zu halten. Ich schätzte, dass ich diese Gegenstände in weniger als fünf Sekunden herunterschlucken konnte. Ich würde mit dem Bic-Stift beginnen, dann die Batterie schlucken und falls ich genügend Zeit hatte, zuletzt das Messer.

Auf spiritueller Ebene ließen mich die Botschaften Unserer Lieben Frau wissen, dass alle diese Vorbereitungen nicht notwendig waren und dass SIE mich befreien würde. Damals war ich noch nicht vollständig bereit, mein Leben nach den Botschaften und Inspirationen zu leben, die ich aus dem kleinen blauen Büchlein empfing.

Die Transformation

»Die Konvertierung war für mich kein Damaskuserlebnis. Ich bewegte mich langsam zu einer intellektuellen Akzeptanz dessen, was meine Intuition schon immer wusste.«

Madeleine L'Engle

Mario, mein Anwalt und einfallsreicher Rechtsprofessor, fand ein anderes italienisches Gericht, das meinen Fall prüfen würde. Mario hatte noch nie zuvor einen Fall vor diesem Gericht präsentiert, und ehrlich gesagt war ich nicht sicher, ob diese Richter nicht auch vor dem Druck der USA in die Knie gehen würden, so wie alle anderen. Wie auch immer, es gelang ihm, eine weitere Aufschiebung durchzusetzen. Falls sie nicht allzu schnell rückgängig gemacht würde, könnte ich es bis zur Verhandlung vor dem Obersten Kassationsgerichtshof schaffen, die für den 3. Juni 2014 angesetzt war, ohne ausgeliefert zu werden. Heute vertraue ich nur Gott und keinem einzigen Menschen, nicht einmal mir selbst. Aber in jenen verzweifelten Tagen trug ich mein kleines Instrumentarium immer bei mir. Während des Hofgangs trug ich die drei Artikel in einem kleinen Etui zwischen meinen Gesäßbacken. Wenn ich in meiner Zelle war, trug ich sie stets in meiner rechten Hosentasche.

Fast 14 Monate lang hatte ich scheinbar endlose Verfahren durchlaufen. Bis auf eines verlor ich alle. Und selbst das eine Verfahren, das ich gewann, wäre beinahe von meinen skrupellosen amerikanischen »Freunden« und ihren italienischen Pudeln ins Gegenteil verkehrt worden. Ich hatte mindestens drei Stunden täglich mit Beten verbracht. Ich hatte alle fünf Kapitel Maria Valtortas Werk *Der Gottmensch* verschlungen, das auf mehr als 3 000 Seiten eine beeindruckend detaillierte und offenbarende Beschreibung des Lebens von Jesus und Maria liefert. Ich hatte vier Gebets- und Andachtsbücher geschrieben und alle meine Inspirationen, persönlichen Gedanken und Frustrationen in ausführlichen Tagebuchaufzeichnungen festgehalten. Nicht ein Tag verging, ohne dass ich mich an die Heilige Muttergottes gewandt hätte, um Rat zu erbitten. Diese Leidenschaft war ein hervorragender Ausgleich für meine entwürdigende Wirklichkeit. Sie machte das Leid erträglich.

In diesem äußersten Zustand der nervösen Anspannung begann sich mein Dasein zu verändern. Meine Angst nahm ab und das Taubheitsgefühl in meinen Beinen und meinem linken Arm sowie das ständige Zucken in den Händen ließen allmählich nach. Innerhalb einer Woche konnte ich 200 Liegestütze und 200 Sit-ups machen. Meine körperlichen Übungen waren auf spätabendliche Stunden und den Toilettenbereich begrenzt. Wenngleich ich mich körperlich und emotional wesentlich besser fühlte, sah ich immer noch elend und mitgenommen aus. Das war in Ordnung. Ich dachte mir, es sei besser, wenn alle dächten, ich würde langsam dahinsiechen.

Die schnelle Transformation war jenseits aller Erfahrungen, die ich in meinem ganzen Leben gemacht hatte. Ich hatte einen Gehstock erhalten, aber spätnachts, wenn alle schliefen, merkte ich, dass ich plötzlich wieder ganz gut ohne Stock gehen konnte. Ich fiel nicht mehr nach wenigen Schritten hin, wie zuvor. Eindeutig gewann ich mein Gleichgewicht zurück, auch wenn ich mit geschlossenen Augen weiterhin auf den Stock angewiesen war. Und zum ersten Mal in 14 Monaten nahm ich auch wieder an Gewicht zu. Meine Gesundheit verbesserte sich drastisch, ohne dass sich meine medizinische Behandlung auf irgendeine Weise geändert hätte.

Als Leibwächter eines Mafioso

»Ich glaube, wir haben schon immer eine Faszination für Gangs und Gangster verspürt, und ich glaube, das wird immer so sein.«

Ross Kemp (Britischer Schauspieler und Journalist, der die gefährlichsten Orte der Welt bereiste)

Ich würde nie über diesen Mann sprechen, wenn ich nicht vorab seine Erlaubnis bekommen hätte. Ende April 2014 war Guiseppe Morabito (Peppe) unser neuester Zellenzugang. Ich wusste genau, wer er war, da mich Johnny über das Who is Who der italienischen Unterwelt aufgeklärt hatte. Die Morabitos gehörten mit ungefähr 600 Soldaten zu den mächtigsten internationalen Syndikaten. Die historischen Annalen und die Medienberichte über diese Familie sind zahlreich. Peppe wurde wegen einer Magengeschwüroperation nach Pisa verlegt. Als er in unsere Zelle kam, sorgte er sogleich dafür, dass jeder wusste, wer er war, indem er seinen Namen mit tiefer Stimme laut, deutlich und gedehnt aussprach: »Peppe M-O-R-A-B-I-T-O.«

Peppe hatte starke Schmerzen, aber er war relativ gelassen, fast immer in guter Stimmung und somit eine großartige Ergänzung der Zellencrew. Peppe war ein frommer Katholik, der vor jeder Mahlzeit betete. Er trug niemals Shorts und zog sich im Badezimmer an und aus. Außerdem war er ein scharfer Beobachter, der einen Menschen in wenigen Sekunden einschätzen konnte. Innerhalb weniger Augenblicke konnte er einem sagen, ob jemand mehr Schein als Sein, eine Ratte, ein Dünnbrettbohrer, eine vertrauenswürdige Person, homosexuell und so weiter war. Johnny, Peppe und ich bildeten eine Art Geheimgesellschaft innerhalb des Krankenzentrums. Wir verbrachten im Badezimmer, das für uns zu einer Art persönlichem Konferenzraum geworden war, Stunden mit Gesprächen über Glauben, das Leben, Frauen und Essen. Peppes Humor hob bei uns allen die Stimmung.

Einmal befragte ich ihn über seine Lebensphilosophie und er antwortete postwendend: »*Scopare, mangiare, robare, pregare*« – ficken, fressen, stehlen und beten. »Wow«, dachte ich und fragte mich, wie jemand beten und stehlen unter einen Hut brachte. Auf der anderen Seite stellte ich fest, dass die Gläubigen unter den organisierten Verbrechern weitaus vertrauter mit dem Alten Testament waren als mit Jesus' Lehren. Das alttestamentarische Auge-um-Auge-Prinzip schien für die Jungs, die in jahrhundertelange Vendettas involviert waren, einen weitaus praktischeren Wert zu haben als das Gebot, die linke Wange hinzuhalten. Die christliche Ethik wurde im Großen und Ganzen beachtet, aber eher in Bezug auf die Familie oder den Clan und weniger im allgemeinen gesellschaftlichen Sinne.

Abgesehen davon, dass wir viel mehr lachten, verbesserte sich unsere Lebensqualität nach Peppes Ankunft auch auf andere Weise drastisch. Die Küche brachte speziell für uns zubereitete Mahlzeiten. Ich aß Dinge, die ich in mehr als einem Jahr nicht zu Gesicht bekommen hatte. Als wir Spiegeleier mit gerösteten Zwiebeln erhielten, kamen mir fast die Tränen. Das klingt nach nichts Besonderem, aber wenn die Standardverpflegung aus verfaultem Fleisch, altbackenem Brot und gekochten Eiern besteht, die gelegentlich mit Salmonellen kontaminiert waren, dann bedeuteten solche kleinen Gefälligkeiten eine Welt. Mir war sehr wohl bewusst, dass ich von Anfang an ähnliche Privilegien hätte genießen können. Allerdings hatte ich nicht den Wunsch nach Luxus, den keiner meiner weniger glücklichen Zellengenossen jemals hätte erlangen können. Es war schon auffällig und demonstrativ genug, dass ich kubanische Zigarren rauchte, die ich allerdings immer großzügig mit meinen Zellenkumpanen teilte.

Johnny und Peppe machten ständig Witze. Mein Lieblingswitz lautet wie folgt: Ein Mann wird von einer Überschwemmung überrascht und sitzt umgeben von Wasser auf dem Dach seines Hauses. Ein Feuerwehrmann kommt mit einem Kanu und bietet ihm an, ihn zu evakuieren. Der Mann sagt, alles sei in Ordnung, Gott werde sich um ihn kümmern. Währenddessen steigt die Flut. Irgendwann reicht das Wasser bis zu seinen Füßen. Kurz bevor die Flutwellen ihn hinweg spülen, erscheint ein Hubschrauber über ihm. Der Pilot sagt ihm, er solle an Bord klettern, aber der Mann erwidert, alles sei in Ordnung, Gott werde ihn retten. Eine halbe Stunde später wird er von der Flut hinweggespült und ertrinkt. Als er im Himmel ankommt, fragt er Gott, warum er ihn habe ertrinken lassen, und Gott antwortet: »Also bitte, du hast gebetet und ich habe dir ein Boot geschickt. Dann hast du noch mehr gebetet, und ich habe dir einen Hubschrauber geschickt. Was hätte ich um Himmels willen noch tun sollen?«

Ich bin zwar fest davon überzeugt, dass Andacht und Gebet unsere wirkungsvollsten Instrumente sind, aber wir müssen auch im Geiste des Herrn leben. Pater Pius, zum Beispiel, mein Lieblingsheiliger, war in der Lage, an zwei Orten gleichzeitig zu sein und heilte allein mit seinen Gebeten zahlreiche Menschen von tödlichen Krankheiten. Er baute zudem Italiens größtes und modernstes Krankenhaus in San Giovanni Rotondo. Ich frage mich oft, ob Beten allein ausreicht, oder ob wir unseren Glauben nicht auch durch unsere Taten ausdrücken sollten.

Mein Ruf zu christlichen Taten kam früh genug. Unglücklicherweise fand sich Peppe völlig unnötigerweise in einem Disput mit einem jungen marokkanischen Häftling wieder, der ihn ohne ersichtlichen Grund öffentlich beleidigt hatte. Der junge Nordafrikaner hatte keinen blassen Schimmer, mit wem er sich angelegt hatte. Als er es herausfand, wandte er sich unverzüglich an die arabischen Gefängnisbosse, um ihren Schutz zu erbitten. Natürlich konnte Peppe diese Beleidigungen nicht durchgehen lassen. Schließlich basierte sein Familienmodell darauf, respektiert zu werden. Das Ego des Marokkaners wiederum war viel zu groß, als dass er das einzig Vernünftige getan hätte, was in dieser Situation angeraten war, nämlich sich bei Peppe für die Beleidigungen zu entschuldigen. Leider war die arabische Fraktion in unserer Einheit physisch und zahlenmäßig überlegen. Ich versuchte einzugreifen. Ich hatte beträchtliche Zeit mit Said, dem Capo der Nordafrikaner verbracht. Ich hatte mit ihm wochenlang über den Koran diskutiert, so wie damals mit Abbas, meinem großen moslemischen Freund in Sollicciano. Said sagte mir, ihm seien die Hände gebunden. Der junge Marokkaner weigere sich einfach, die Angelegenheit zu bereinigen. Das bedeutete, dass es auf eine offene Konfrontation hinauslief, weil Peppe nicht hinnehmen würde, dass ein junger Niemand ihm den Respekt verweigerte. Das würde sich herumsprechen. Diesem Mann musste eine ernste Lektion erteilt werden. Als zwei Angehörige der Cosa Nostra aus Messina den Marokkaner auf dem Gefängnishof zusammenschlugen, um das Wohlwollen der Morabito-Familie zu erlangen, standen wir kurz vor einem größeren Krieg. Diese Disziplinierungsmaßnahme war weder mit Said abgesprochen, noch hatte Peppe den Befehl erteilt, dass die jungen Sizilianer die Sache für ihn übernehmen sollten. Ein wirklich dummer Krieg stand kurz vor dem Ausbruch. Verschlimmert wurde die Situation dadurch, dass Said und seine Leute uns zahlenmäßig ebenfalls überlegen waren.

Meine Empfehlung lautete, Peppe solle den Streit direkt mit dem jungen Marokkaner austragen, um die Geschichte ein für allemal aus der

Welt zu schaffen, aber das ging nicht. Peppes Operation war so schlecht ausgeführt, dass er sich kaum bewegen konnte. Ein Teenager hätte diesen taffen Kalabrier in einem offenen Kampf auf dem Gefängnishof nach diesem verpfuschten Eingriff in große Schwierigkeiten gebracht.

Meine Versuche, über Said zu vermitteln, brachten keine Ergebnisse, aber meine Bitten waren beharrlich genug, damit er diese Angelegenheit mit seinen Underbosses besprach. Damit ließen sich allerdings bestenfalls einige Tage Zeit gewinnen, bevor das Problem explodieren würde. Ich war sehr überrascht, als mich Peppe bat, sein Leibwächter zu sein. Die Sizilianer hatten ihre Dienste angeboten. Johnny hatte sich angeboten, aber aufgrund seines Herzleidens wäre er bei einer offenen Auseinandersetzung eher eine Belastung, denn eine Hilfe. Peppe hatte mich beobachtet, während ich einarmige Liegestütze im Badezimmer machte und hatte externe Informationen über mein Bordell-Engagement bei Artemis in Berlin eingeholt, bei dem ich gemeinsame Sache mit Hakki und seinem kurdischen Partner gemacht hatte. Die Morabito-Familie ist international sehr gut vernetzt und wusste über die Geschäfte in Deutschland Bescheid. Peppe brauchte weniger als eine Woche, um sich über meine Verbindungen zu informieren und sich ein Bild von meinem Ruf zu machen. Was sollte ich tun? Die Gefängnisleitung einzuweihen, kam nicht in Frage. Peppe den Rücken zu kehren, war unehrenhaft. Ich bat ihn, dem marokkanischen Armleuchter zu vergeben, aber er erwiderte nur, »Ratzinger, wir arbeiten mit Respekt, aber auch mit Angst. Wenn ich zulasse, dass mich dieser Araber beleidigt, ohne darauf entsprechend zu reagieren, wird sich das herumsprechen. Das ist schlecht fürs Geschäft, schlecht für unsere Sicherheit und schlecht für unsere Familien. Wirst du mir also helfen, oder nicht?«

Das tat ich. Aber es gab nur zwei Wege, wie ich das ganz alleine bewerkstelligen konnte: Auf keinen Fall und auf verdammt überhaupt keinen Fall. Ich brauchte einen echten Profi, der mir Rückendeckung

gab. Also rekrutierte ich Arturs, den ehemaligen russischen Auftrags-
killer und Leibwächter für schwere russische Jungs.

Da ich in den vergangenen 20 Jahren über längere Zeiträume Leibwächter engagiert hatte, hatte ich eine ziemlich gute Vorstellung von
Positionierung, Einschüchterung und Wachsamkeit. Arturs Ruf im
Gefängnis war zudem Zeitpunkt so ungeheuerlich, dass selbst einige
der abgebrühtesten Araber sich nicht mit ihm anlegen wollten. Arturs trug immer Waffen bei sich; nicht ein Messer, sondern zwei, und
ganz offensichtlich wusste er mit ihnen umzugehen. Der Mann hatte
in Deutschland zwei Jahre in einer Einzelzelle verbracht, weil er drei
andere Häftlinge bei einem Kampf auf dem Gefängnishof böse verletzt hatte. Arturs war psychisch nicht ganz stabil, weil er auf Metha-
don-Entzug war, aber er war genau der Partner, den ich für diesen Job
brauchte. Und er war sowohl verrückt als auch loyal genug, um zu
akzeptieren.

Sieben lange Tage bewachten wir Peppe, teilten den Hof unter uns auf,
waren ständig in Bewegung und ließen unsere arabischen »Freunde«
wissen, dass wir Waffen bei uns trugen. Glücklicherweise waren die
Araber unentschlossen und schlecht organisiert. Tief innerlich fühlten
sie sich auch nicht wirklich verpflichtet, die Ehre eines ihrer dümmsten
Clanmitglieder zu verteidigen. Am achten Tag hatte sich Peppe so weit
erholt, dass er zurück ins Gefängnis von Kalabrien transportiert werden
konnte. Eine stressige Aufgabe war erfolgreich erledigt. Peppe schenkte
mir diese supermodische, maßgeschneiderte und superteure Designerhose, die ich heute noch habe. Said erzählte mir später, er habe keine
Lust gehabt, sich wegen eines Streits, den ein Vollidiot verursacht habe,
Probleme aufzuhalsen. Die Vorstellung, mich mit Said und seinen Leuten anzulegen, war mir äußerst zuwider. Die besten Kriege sind die,
die nicht geführt werden. Meine Gebete waren erhört worden. Allahu
Akbar!

Der schwarze Schwan und die Botschaft unserer Lieben Frau der Gnade und Hoffnung

»Glaube ist der Vogel, der bereits das Licht spürt, wenn der anbrechende Tag noch in Dunkelheit liegt.«

Rabindranath Tagore (Bengalischer Dichter, Philosoph, Maler, Komponist, Musiker und Brahmo-Samaj-Anhänger sowie erster asiatischer Nobelpreisträger für Literatur)

Selbst meine schlimmsten Feinde erkennen an, dass ich weder in intellektueller, analytischer noch akademischer Hinsicht schwächle. Auf anderen Gebieten habe ich bestimmt Defizite. Mein anfängliches Interesse an den Botschaften der Gnade unserer Lieben Frau basierte auf der Black-Swan-Theorie. Damals beschäftigte ich mich mit dem Buch nur, weil ich nicht kategorisch ausschließen konnte, dass es irgendeine Relevanz für mein Leben haben würde. Allerdings war ich sehr skeptisch. Die Black-Swan-Theorie beschreibt bestimmte Ereignisse, die äußerst selten sind, aber doch oft genug eintreten, um statistisch relevant zu sein. Man könnte sie auch als Ausreißer bezeichnen, die selten von wissenschaftlichen oder mathematischen Modellen erfasst werden. Zumeist wird dieser Begriff im Zusammenhang mit wirtschaftlichen Ereignissen verwendet.

Black-Swan-Ereignisse sind für mich auch die wundersame Heilung todkranker Patienten, für die es keine wissenschaftliche Erklärung gibt. Nur weil man sie nicht erklären kann, heißt das aber nicht, dass diese Wunder nicht geschehen. Das Gleiche lässt sich über die Erscheinungen der Heiligen Muttergottes sagen, ob es in Zeitoun, Fatima, Lourdes oder einem anderen Ort ist. Sie wurden als Aberglaube abgetan, dennoch sind sie passiert.

Seit mehr als fünf Jahren schreibe ich sorgfältig alles auf, was ich im Zusammenhang mit den Botschaften erlebt habe, die ich von der Heiligen Muttergottes erhalten habe. Man könnte sagen, dass ich diese Botschaften und ihre Relevanz und Tiefe mit dem gleichen Antrieb und der gleichen Neugier studiert habe wie die mathematischen Modelle, die ich in den Neunzigern mit meinem ehemaligen Geschäftspartner Devin Devine entwickelt hatte. Die Botschaften standen stets im Zusammenhang mit den äußeren Ereignissen und waren hilfreich und wahr. Wenngleich sie von Liebe erfüllt sind, können sie sehr direkt und kritisch sein. Die Kritik war jedoch stets vollkommen gerechtfertigt. Kritik ist immer konstruktiv. Im Verlauf von drei Jahren hatte ich mich von einem Skeptiker zu einem Teilzeitgläubigen entwickelt.

In den letzten drei Wochen meiner Inhaftierung entwickelten diese Botschaften ein Eigenleben. In meinen Gedanken und meiner Seele nahmen sie kristallklare Schärfe an. Ich dachte immer öfter mit meinem Herzen und immer seltener mit dem Gehirn. Auf Basis der Dinge, die die Heilige Muttergottes mir mitteilte, war ich absolut sicher, dass ich freigelassen würde. Tatsächlich war ich so sicher, dass ich mit meinem spirituellen Berater Pater Keith Windsor, meinem Anwalt Mario Zanchetti und meiner Tochter Isabella sprach. Der letzte Brief, der an meine Tochter gerichtet war, wurde am Morgen der Urteilsverkündung des Obersten Kassationsgerichtshofs versendet.

Mein spiritueller Berater war fast so skeptisch wie Mario Zanchetti. Immerhin hatte das US-Justizministerium in den letzten drei Jahrzehnten jedes Auslieferungsverfahren in Italien gewonnen, und es waren weitaus mächtigere Männer ausgeliefert worden als ich. Warum sollte mein Fall eine Ausnahme sein? Ich war nicht einmal Italiener. Und ich verfügte in Italien über keinerlei politische Verbindungen. Überdies waren die Amerikaner einfach zu mächtig und abartig.

Die Botschaften, die ich einen Monat vor meiner Freilassung von der Heiligen Muttergottes empfing, nahmen außerirdische Qualität an. Das begann am 4. Mai und dauerte einen ganzen Monat.

»Vertraue mir. Gib! Sorge dich nicht! Ich werde eingreifen. Ich liebe dich. Gibt es sonst irgendetwas, das du brauchst?« Einen Tag später sagte SIE mir, ich solle *» voller großer Erwartungen sein, da Gott besondere Gnaden gewährt.«*

Mitte Mai hatte das Verwaltungsgericht der Region Lazio den Auslieferungsstop aufgehoben und die Amerikaner waren bereit, mich auszufliegen. Aber der *Consiglio di Stato* – der Staatsrat, die höchste und letzte Instanz für Urteile der regionalen Verwaltungsgerichte –, sollte meinen Fall kurzfristig prüfen.

Am 16. Mai sagte mir Unsere Liebe Frau, *»Suche nicht nach unmöglichen Antworten, bete einfach! Bete mit noch mehr Inbrunst, und all deine Probleme werden verschwinden!«* Meine Tagebuch- und Gebetsaufzeichnungen für Mai und Anfang Juni machten 150 Seiten aus. Ich betete beinahe tranceartig fünf oder sechs Stunden täglich.

Am folgenden Tag sagte mir Unsere Liebe Frau der Gnade, *»Begleite mich in deinem Herzen zu meinem Sohn. ER wird dir SEINE Gnade gewähren und dein Herz vor Freude springen lassen.«* Da ich nur ein Mensch mit einem begrenzten Gehirn bin, blieb meine Anspannung trotz dieser ungewöhnlich positiven Botschaften sehr hoch.

Am 19. Mai erhielt ich folgende Botschaft: *»Ich will nicht, dass du dir Sorgen machst. Vertraue mir, ich kümmere mich um alles.«* Mario Zanchetti teilte mir mit, der italienische Staatsrat habe einen Auslieferungsstopp verfügt, und zwar am selben Tag, an dem das Verwaltungsgericht der Region Lazio seinen Auslieferungsstopp aufgehoben hatte. Dieses Urteil war erwartet worden. Für Mario war klar, dass sich das regionale Verwaltungsgericht dem Druck des italienischen Justizministeriums beugen würde, das sich seinerseits dem Druck der Amerikaner fügte. Der Staatsrat ist jedoch das höchste Verwaltungsgericht Italiens und dient zugleich als höchstes Beratungsgremium der Regierung in komplexen juristischen Fragestellungen. Ähnlich dem Europäischen Gerichtshof für Menschenrechte sind die Richter des Staatsrates zu kompetent und zu unabhängig, um sich beeinflussen, einschüchtern oder korrumpieren zu lassen, selbst wenn der Druck von den USA ausgeht.

Der Auslieferungsstopp schien zudem äußert fundiert, ausführlich und gut formuliert zu sein. Eine Aufhebung vor meiner Anhörung vor dem Obersten Kassationsgerichtshofs in Rom war sehr unwahrscheinlich. Das bedeutete, dass ich in naher Zukunft nicht nach Amerika ausgeliefert werden würde und eine weitere Chance vor dem Kassationsgericht hatte. Zwar trug ich noch immer die Messerklinge, die Batterie und den Stift bei mir, aber mein Herz und die Heilige Muttergottes sagten mir, ich würde sie nicht brauchen.

Am 24. Mai klärte Unsere Liebe Frau, was genau SIE von mir erwartete: *»Du musst dich aktiv vor mir von deinem Leben verabschieden! Ich halte deine Zukunft in den Händen.«* An diesem Punkt hatte ich überhaupt kein Problem damit, mein Leben der Heiligen Muttergottes zu widmen. »Es ist wirklich erstaunlich«, dachte ich. »Ich lebe noch und bin nicht in Amerika. Ich habe einen Mordversuch, Entführungsversuche, schwere Autounfälle und Schutzgelderpressung überlebt.« Mein bisheriger Lebensstil, der materiellem Reichtum, Adrenalinkicks und Eitelkeit gewidmet war, hatte nur Elend und Trümmer hinterlassen. Ich war hoch motiviert, mich Unserer Lieben Frau der Gnade zu widmen und zu geben, zu lieben, anderen zu helfen und ein neues Leben zu beginnen.

Am 26. Mai sagte mir Unsere Liebe Frau: »*Bete, bete, bete, es ist das einzige Mittel, das du hast.*« Pater Pius, der berühmte italienische Heilige sagte einst: »Beten ist die wirksamste Waffe, die wir besitzen.« Ich habe immer Probleme mit diesem Konzept gehabt, da ich stets ein übergroßes Vertrauen in meine eigenen Fähigkeiten hatte. Aber ich habe durch harte Lektionen zu akzeptieren gelernt, dass es Situationen gibt, die sich nur durch eine Macht lösen lassen, die unserer eigenen überlegen ist. Die teuflischen Mächte lassen sich nur durch ein Leben mit Integrität und Liebe sowie durch Beten und gute Taten besiegen, die von Herzen kommen. Das Beten bot mir einen Weg, Mächte anzurufen, die größer sind als meine weltliche Macht. Da ich diese Erfahrung am eigenen Leib gemacht habe, glaube ich fest daran, dass Glauben und Beten Berge versetzen können.

Die letzte Woche vor meiner Freilassung hätten nicht erleuchtender sein können. Die Botschaften, die ich empfing, gaben mir das vollkommene Vertrauen, dass ich freikommen würde. Da ich wusste, dass mir nur wenige glauben würden, was ich in Italien erlebt hatte, informierte ich nur drei Personen schriftlich über meine bevorstehende Abreise aus Italien. Außerdem zeichnete ich minutiös alle Ereignisse und Botschaften im Mai und Juni 2014 in meinen Tagebüchern auf, weil ich das Gefühl hatte, eines Tages würden sie Teil eines Zeugnisses sein, das eine weitaus größere Bedeutung haben würde, als meine eigene unwichtige kleine Existenz.

Am 28. Mai sagte mir Unsere Liebe Frau der Gnade: »*Ich sage dir, du sollst dir keine Sorgen machen. Bete einfach und finde Frieden. Ärgere dich über nichts, lass mich alles regeln.*« In dem Maße, wie mein Vertrauen zunahm, konnte ich mich ein wenig entspannen. Außerdem bewachte ich zu dem Zeitpunkt Peppe Morabito. Das war eine willkommene Abwechslung von dem Stress, den ich angesichts der bevorstehenden Entscheidung des Obersten Kassationsgerichtshofes empfand. An jenem Tag empfing ich die abschließende Botschaft: »*Nur mithilfe meiner Liebe wirst du die Wunder erkennen, die ich für dich bewirke. Zweifle nicht an meinen Worten.*«

Ich war nun weniger als eine Woche von dem alles entscheidenden Gerichtstermin entfernt. Der alte ungläubige Florian wäre ausgerastet, hätte Chancenpotenziale berechnet, über Selbstmord nachgedacht und wäre bereit gewesen, seine Gedärme mit Batterien, Messerklingen und Stiften zu füllen. Das war vorbei. Ich war so voller Vertrauen in die Worte der Heiligen Muttergottes, dass ich auch Johnny und Mauro erzählte, ich würde freigelassen werden. Genau wie mein Anwalt Mario dachten sie, ich hätte den Verstand verloren. Ich konnte förmlich sehen, dass sie mich für durchgedreht hielten, weil ich ihr Minenspiel und ihre Körpersprache lange genug studiert hatte. In ihren Gesichtern spiegelte sich eine Mischung aus Unglaube und Mitleid wider. Das war mir allerdings völlig egal.

Am 31. Mai, vier Tage vor der Verhandlung, inspirierte mich die Heilige Muttergottes sehr mit der folgenden Botschaft: »*Mach dir keine Sorgen, meine Gnade wird dir helfen. Gibt es noch etwas, das du brauchst? Bete mit Vertrauen! Ich lächle dich an.*«

Am 1. Juni verließ Peppe Morabito die Krankenstation des Gefängnisses von Pisa, ohne auch nur einen Kratzer davonzutragen. Auftrag ausgeführt. Als Belohnung erhielt ich diese unglaubliche, perfekt sitzende Designerhose und Arturs einen Haufen Haschzigaretten. Wir hatten schweres Blutvergießen verhindert. Zwar war ich voller Vertrauen, dass ich Italien verlassen würde, aber das Gefühl, das mich beseelte, glich eher einer inneren Gelassenheit als überschwänglicher Freude. Für mich war es zu diesem Zeitpunkt bereits eine vollendete Tatsache. Für alle anderen sollte es ein Wunder sein.

Die Botschaften, die ich den verbleibenden drei Tagen vor meinem Gerichtstermin empfing, räumten die letzten Zweifel aus: »*Siehe das neue Wachstum. Lass dich von meinen Händen leiten. Selbst wenn du alle Prüfungen der Welt bewältigen musst und zerstört am Boden liegst und glaubst, nichts könne dich erheben, würde ein Blick von mir dich augenblicklich aus allen deinen Schwierigkeiten befreien. Ich habe so über dich gewacht, dass ich nicht zulassen werde, dass dir Böses geschieht. Ich bin verpflichtet, dich unter meinen Heiligen Mantel zu nehmen.*

Am Abend und folgenden Morgen vor meiner Verhandlung gewährte mir die Gnadenvolle Mutter die folgenden aufmunternden Worte: »*Ich betrachte dich als jemand, der mir am Herzen liegt. Ich erlaube dir so viel. Ist das nicht die Zärtlichkeit einer liebenden Mutter? Hilf mir, alles zu erkennen, das ich tun muss. Ich segne dich! Bete, dass Gott durch alle SEINE Taten, mit denen er den Menschen in Not helfen will, erhört sein möge. Ich betrachte alle meine Kinder mit Mitleid und bitte dich, mit mir für sie zu beten.*«

An jenem Morgen sandte ich einen Brief an meine Tochter Bella, in dem ich meine unmittelbar bevorstehende Freilassung ankündigte. Auch wenn ich auf andere vollkommen verrückt gewirkt haben mochte, war ich selten so bei mir wie in diesem Moment. Ich hatte endlich verstanden, worauf sich mein neues Leben konzentrieren musste, unabhängig davon, ob ich frei oder in Haft sein würde: Liebe und Geben. Anderen in ihrem Leid zur Seite zu stehen. Zu beten und diese gnaden- und hoffnungsvollen Botschaften in die Welt zu tragen.

Der Amanda-Knox-Faktor

»Wer war Amanda Knox? War sie eine junge, ehrlich aussehende Studentin aus Seattle, der Inbegriff des All-American-Girls – sportlich, attraktiv, klug, hart arbeitend und abenteuerlustig, das Sprachen liebte und gerne reiste? Oder war ihr hübsches Gesicht eine Maske, eine doppelbödige Fassade für eine pervertierte Seele?«

Tina Brown (Journalistin und Herausgeberin, u.a. The New Yorker und Sunday Times)

Ich weiß nicht, was Italiener mehr lieben, Verschwörungen oder Skandale. Mehrere hoch angesehene italienische investigative Journalisten hatten die Theorie aufgestellt, Italien wolle mich im Austausch für Amanda Knox ausliefern. Amandas italienischer Albtraum beinhaltete keine 15, sondern 48 Monate im Gefängnis. In der ersten Instanz wurde sie des Mordes schuldig gesprochen und zu 26 Jahren Gefängnis verurteilt. Gegen dieses Urteil ging sie erfolgreich in Berufung und wurde 2011 aus dem Gefängnis entlassen. Daraufhin tat sie das einzig Richtige in einer solchen Situation und kehrte unverzüglich in ihr Heimatland zurück. Für die Italiener war der Fall aber noch nicht zu Ende. Sie zogen vor den Obersten Kassationsgerichtshof, aber dieses Mal blieb Amanda in Amerika. Das italienische Justizministerium wollte unbedingt, dass Amanda in einem italienischen Gefängnis ihr abschließendes Urteil erwarte.

Die USA ließen Italien öffentlich wissen, Amanda Knox, die zu diesem Zeitpunkt eine höchst öffentliche Figur, um nicht zu sagen, eine Volksheldin geworden war, würde keinesfalls ausgeliefert. Die Tatsache, dass die USA 1983 ein Auslieferungsabkommen mit Italien geschlossen hatte, war ihnen vollkommen egal, wenn sie es waren, die sich nach

Recht und Gesetz verhalten sollten. Italien war von der amerikanischen Reaktion äußerst brüskiert. Italien hatte dreimal seine eigenen Gesetze gebrochen, um seinen amerikanischen »Freunden« dabei zu helfen, mich im Gefängnis zu behalten, aber als Italien seinerseits einen simplen Auslieferungsantrag an die USA stellte, erhielt es eine eiskalte Abfuhr und musste sich offenbar sogar noch Beleidigungen anhören. Laut einem hochrangigen Richter aus dem näheren Umfeld der Verhandlungen, hatte es aus Amerika geheißen: »Vergesst Amanda. Wenn wir euch im Zweiten Weltkrieg nicht gerettet hätten, würdet ihr heute Deutsch sprechen. Es ist in eurem besten Interesse, uns Homm auszuliefern. Bringt diesen Arsch hierher, aber *pronto*!«

Unterschätzen Sie Italiener niemals. Seit 1923 hat Deutschland Italien bei keinem einzigen Spiel der Fußballweltmeisterschaft besiegt. Niemand kann so gut Ressourcen aktivieren, Ränke schmieden und manipulieren wie Italiener. Sie sind die Meister der *Vendetta* beziehungsweise Blutrache. Niemals vergessen sie eine Beleidigung. Sie haben ein sehr, sehr langes Gedächtnis, das über viele Generationen zurückreicht. Machiavelli, der Verfechter des kalten, rationalen Opportunismus, war Italiener. Es gibt Familien, die sich seit Jahrhunderten gegenseitig umbringen. Für sie ist die berühmte amerikanische Hatfield-McCoy-Fehde (ein blutiger Konflikt zwischen zwei Großfamilien, zwischen 1878 und 1891 in einem abgelegenen Tal der Appalachen in dessen Verlauf mehrere Dutzend Menschen starben) nichts als Sandkastengerangel. Sie werden sich an dir rächen und dafür lassen sie sich alle Zeit der Welt. Im Juni 2015 hatte Italien bei mindestens drei verschiedenen Gelegenheiten mehrere Artikel seiner eigenen Verfassung verletzt, um seinen amerikanischen Bossen zu gefallen. Aber hier war eine Grenze erreicht. Italien hatte alles für Amerika getan, und was war der Dank? Nichts. Nein, das stimmt nicht. Es war weniger als nichts. Italien bekam nicht nur Amanda Knox nicht zurück; überdies wurde es als »inkompetent, hilflos und korrupt« beschimpft.

Die Italiener sind ein stolzes Volk. Wenn Sie sie schlecht behandeln, können Sie sicher sein, dass der Tag kommen wird, an dem sie aufhören, sich zu verbiegen. Und dann üben sie Rache. Ich werde nie erfahren, was genau passierte, aber es gibt deutliche Hinweise darauf, dass die Italiener von der Arroganz und Überheblichkeit der USA genug hatten. Das erste Signal, dass sie die Nase von ihren überheblichen amerikanischen Kollegen voll hatten, war, dass sie sie nicht über die Anhörung vor dem Staatsrat informierten. Am 3. Juni 2015 erfolgte der finale Racheakt, diesmal vor der höchsten Instanz der ordentlichen Gerichtsbarkeit Italiens, dem Obersten Kassationsgerichtshof in Rom.

Kapitel 4:
Freiheit und Repression

»Damit ein Leben siegreich ist, müssen wir uns auf das Ziel konzentrieren, und das Ziel ist der Himmel.«

Lou Holtz (Amerikanische Football-Trainer-Legende)

Im Gegensatz zu den anderen Gerichtsverhandlungen dauerte die Verhandlung vor dem Kassationsgericht in Rom weniger als eine Stunde. Mario war angesichts dieser Kürze extrem skeptisch. Auf der anderen Seite war die Sachlage vollkommen klar und einfach. Amerika hatte mich nicht innerhalb von 35 Tagen nach der formalen Benachrichtigung des italienischen Justizministeriums über mein Ausreisedatum ausgeflogen. Es gab Dutzende von Präzedenzfällen, und in jedem einzelnen waren die Gefangenen in einer identischen Situation freigelassen worden.

Allerdings gab es auch überwältigende Hinweise darauf, dass Italien seine eigenen Gesetze erneut brechen würde, um Amerika einen Gefallen zu tun. Mehrfach lebenslängliche Haftstrafen ohne Bewährung sind weder mit der Europäischen Menschenrechtskonvention noch mit der italienischen Verfassung vereinbar. Häftlinge mit chronisch-progressiver Multipler Sklerose werden in Italien nicht in den Gefängnissen behalten, weil diese Krankheit als Grund für Haftunfähigkeit gilt.

Schwerkranke Häftlinge werden aus gesundheitlichen und humanitären Gründen nicht ausgeliefert. Nach rechtlicher und medizinischer Logik hätte ich vier Monate nach meiner Verhaftung ein freier Mann sein müssen, weil Italien nie einen formalen Auslieferungsantrag erhielt. Ich hätte zudem in eine spezielle MS-Klinik verlegt werden müssen. Man hätte mich nicht in Abwesenheit vor dem Berufungsgericht verurteilen dürfen. Ich hätte nie in Isolationshaft gesteckt werden dürfen, und so weiter.

Der 3. Juni 2014 war ein wunderschöner Tag. Die Temperatur war mit 25 Grad Celsius ideal, es war sonnig, aber nicht schwül. Selbst die Mücken schienen eine Pause von den ständigen Attacken zu machen. Ich hatte den ganzen Tag kein Ungeziefer gesehen. Meine wenigen Habseligkeiten waren gepackt. Ich fühlte mich frisch wie der junge Morgen. Die Dinge sahen eindeutig gut aus. Am Spätnachmittag sprach Johnny kaum noch mit mir, weil er überzeugt war, ich hätte nun endgültig den Verstand verloren. Angesichts meines legendären Tobsuchtsanfalls während des Besuchs meiner Mutter war Johnny nicht sicher, wie er mit meiner Wut umgehen sollte, falls ich diese wichtige Verhandlung ebenfalls verlieren sollte.

Um 18:30 Uhr kam ein Wärter in unsere Zelle und sagte mir, ich solle ihn ins Gefängnisbüro begleiten. Ich fragte ihn nach dem Grund, aber er gab mir keine Antwort. Ich kannte die Antwort bereits und lächelte innerlich. Jaaa! Die Heilige Muttergottes hatte es vollbracht. Ich durfte gehen. Halleluja. Gott ist größer! Ich nahm mich zusammen und füllte alle möglichen unsinnigen Papiere aus. Dann wurde ich in die Gefängnisregistratur geführt, wo die persönlichen Dinge der Häftlinge aufbewahrt wurden, die in der Zelle nicht erlaubt waren. Mehr als die Hälfte der Wertgegenstände war verschwunden. Das war mir jedoch vollkommen egal. Der wichtigste Artikel war mein neuer Pass. Vor meiner Verhaftung in Italien hatte ich mir in Deutschland ganz offiziell einen neuen Pass ausstellen lassen. Ich konnte ihn jedoch nicht mehr abholen. Aber meine Mutter hatte ihn abgeholt. Und sie sorgte dafür, dass er seinen Weg ins Gefängnis von Pisa fand. Der alte Pass war nutzlos, weil er im Februar 2014 abgelaufen war. Ich hatte auch keinen Personalausweis. Meine Mutter ist wirklich unglaublich; sie hatte an alles gedacht. Ihr wahrer Vorname lautet übrigens Maria (Maria-Barbara, genannt »Uschi«). Ungefähr nach einer Stunde begleitete mich der Wärter zurück in meine Zelle und sagte mir, ich solle meine Sachen packen.

An diesem Punkt explodierte ich vor Freude und ließ den lautesten und längsten Schrei der Erleichterung aus, den man sich vorstellen kann. Johnny sah mich an, als sei ich das achte Weltwunder und umarmte mich fest und herzlich. Meine anderen Zellengenossen beglückwünschten mich auf formellere Art und Weise. Ganze zehn Minuten waren mir zugestanden worden, um meine Habseligkeiten einzupacken. Schnell verteilte ich sie. Johnny bekam meinen geliebten CD-Player und ungefähr acht Bücher. Said bekam mein tolles Langwellenradio, das man mir in die Zelle geschmuggelt hatte. Dieses Radio war ganz erstaunlich, weil man damit Sender aus ganz Europa und Nordafrika hören konnte. Alles andere würden meine Zellengenossen untereinander aufteilen. Wo ich hinging, würde ich nichts brauchen, nur das absolut Notwendige. Ich behielt nur meine Gebetsbücher, das kleine blaue Buch *Our Lady's Message of Mercy*, meine Tagebücher und eine Garnitur Kleidung. Der Wärter war äußerst pünktlich. Ich bat ihn jedoch um einen einzigen Gefallen, den er mir gerne gewährte. Vor meiner Entlassung wollte ich mich noch bei allen verabschieden, die ich außer Johnny noch kennen- und schätzen gelernt hatte: Rocco, Mauro, Giuseppe, Salvatore, Arturs und einige andere. Mario, der Lippenleser, war bereits nach Cosenza verlegt worden. Und Peppe war inzwischen in Crotone angekommen.

Vendetta

»Der Mensch muss für alle menschlichen Konflikte eine andere Methode entwickeln als Rache, Aggression und Vergeltung. Die Basis einer solchen Methode ist Liebe.«

Martin Luther King Jr.

Der Oberste Kassationsgerichtshof hatte sich am späten Nachmittag mit meinem Fall befasst. In Fällen von derart großem öffentlichem Interesse ging man von einer formalen Entscheidung in den darauffolgenden Tagen aus. *Surprise, surprise.* Bereits um 17:45 Uhr wurde das Urteil an das Gefängnis von Pisa kommuniziert. Dennoch wurden weder meine Anwälte noch meine amerikanischen »Freunde« informiert. Das Urteil ging ihnen einige Tage später mit der Post zu. »Brillant! Einfallsreich!«, dachte ich. Sehr clever, weil das den Amerikanern keine Chance geben sollte, weitere manipulierte Anklageschriften oder einen weiteren Haftbefehl zu formulieren, bevor ich in Sicherheit war. Das war zumindest damals meine Interpretation.

Als ich das Gefängnis verließ, war es immer noch hell. Ich war ein wenig bestürzt, weil mich niemand erwartete. Ein Traum. Ich war völlig euphorisch und empfand keinerlei Schmerzen oder Taubheit in meinen Beinen. Bevor ich mich auf den Weg zum Bahnhof machte, zog ich mich um und warf meine Gefängniskleidung weg. Es dauerte ungefähr eine Stunde, bis ich zu Fuß den Bahnhof von Pisa erreicht hatte – ein Fußmarsch, der vor wenigen Wochen noch unvorstellbar gewesen wäre. Auf keinen Fall wollte ich ein Taxi nehmen. Das würde eine Spur hinterlassen. Meine Rückkehr nach Deutschland sollte nicht nachvollziehbar sein. Ich bat einen hochgewachsenen Nigerianer, mir eine Fahrkarte zweiter Klasse nach Florenz zu kaufen und schenkte ihm das Wechselgeld. Bei meiner Ankunft in Florenz fiel mir eine kleine Kapelle auf, die zwischen den Gleisen stand. Ich hielt an und betete mit unendlicher Dankbarkeit. »Danke, Maria, Jesus und Gott. Euch schulde ich mein Leben. Ich bin euer. Verfügt über mich.«

Ich war ziemlich sicher, dass niemand wusste, wo ich mich befand. Der Bahnhof wird jeden Tag von gut 160 000 Menschen bevölkert, und viele von ihnen sind hochgewachsene Deutsche, Holländer oder Skandinavier. Es war eine willkommene Abwechslung, einmal nicht aufzufallen.

Es war fast 23:00 Uhr, als ich Gabriele Zanobini in seinem Büro erreichte. Zunächst musterte er mich von oben bis unten, als sei ich ein Geist, aber dann sagte er auf seine charmante Weise: »Ciao, ciao, ciao, Florian. Wie geht es Ihnen? Kommen Sie in mein Büro und dann machen wir Pläne«, und umarmte mich. Und geradeso, als wären wir gute alte Freunde, die sich mit aller Zeit der Welt wiedervereint hätten, bestellte Gabriele Pizza und mehrere Biere für mich und seine Söhne. Ich war ein wenig beunruhigt, aber Gabriele war vollkommen klar, was am Spätnachmittag beim Kassationsgerichtshof in Rom geschehen war. Er sagte: »Entspannen Sie sich, Florian, entspannen Sie sich. Diese Typen, ich meine die amerikanischen Bürokraten, arbeiten nicht um diese Uhrzeit. Sie haben keine Ahnung, dass Sie frei sind. Genießen Sie Ihre Pizza Peperoni und das Bier, während ich alles arrangiere. Entspannen Sie sich.«

Seine letzten Worten vor unserem Abschied lauteten: »Wissen Sie, Sie sollten Gott für dieses Wunder danken.« Ich antwortete: »Das habe ich bereits.« Einen solchen Satz hätte ich von Gabriele nie erwartet. Ich hatte ihn ein einziges Mal in einem unserer Gespräche nach seinem Glauben gefragt, und er hatte mir geantwortet, er glaube nicht. Wenn ich eine Bezeichnung für ihn finden müsste, dann würde ich ihn einen »Agnostitheist« nennen – ein Hybrid zwischen einem Agnostiker und einem Atheisten. In Italien werden solche Leute als Freimaurer bezeichnet. Ich dankte Gabriele und seinen begabten Söhnen, die an meinem

Fall mitgearbeitet hatten. Monate später, als sich die Dinge beruhigt hatten, sagte er mir, er habe nie geglaubt, unser kleines Team könne die vereinten Kräfte der italienischen und amerikanischen »Justiz« besiegen. Da hatte er Gottes große Gnade bereits vergessen.

Gegen ein Uhr morgens saß ich in einer schicken Mercedes-Limousine und fuhr in Begleitung von zwei gut angezogenen, aber fies aussehenden Typen über die Autostrada. Einer war offensichtlich der Fahrer. Der andere war bewaffnet und offensichtlich mein Leibwächter. Selbstverständlich sagte keiner von uns auch nur einen Mucks während der gesamten Reise.

Grenzübergang

»Ich weiß nicht, was ein Mensch in Bezug auf die Überschreitung der eigenen Grenzen tun sollte. Ich weiß nur, dass ich ein glücklicheres und abenteuerlicheres Leben führe, weil ich Grenzen überschreite.«

Sherman Alexie (Indianisch-amerikanischer Schriftsteller und PEN/Faulkner Award Preisträger)

Meine beiden Begleiter waren ganz offensichtlich gegen Tempolimits immun. Auf dem Armaturenbrett waren zwei Geräte befestigt, die sie vor Radarkontrollen warnten. Was mich aber viel mehr beeindruckte, war ein kleines Transistorradio, das Polizeisender zu empfangen schien. Wir hielten auch nicht an, um zu tanken. Der Wagen hatte einen eingebauten Reservetank, so dass er leicht mehr als 1 000 Kilometer fahren konnte. Außerdem war der Tank kugelsicher. Ich war beeindruckt und überzeugt, dass Gabriele die bestmögliche Transportcrew organisiert hatte. Ich fragte mich, ob meine Begleiter wohl außerdienstliche

Polizisten oder Leute waren, die für einige von Zanobinis berüchtigte Mandanten arbeiteten. Der Fahrer sah dem Typen, der mich in den Uffizien verhaftet hatte, sehr ähnlich. »Merkwürdig. Aber was soll's, solange mich diese Gorillas nach Deutschland bringen«, schoss es mir durch den Kopf. Schnell erreichten wir die österreichische Grenze.

Bevor wir nach Deutschland kamen, mussten wir immer noch durch Österreich fahren. Ich wusste, dass mir in Deutschland nichts passieren konnte. Technisch betrachtet war ich einstweilen sogar in Italien sicher. Aber Österreich? Die Fahrt durch dieses Land machte mich nervös. Vielleicht wurde ich an der Grenze bereits von CIA- oder FBI-Agenten erwartet. Selbst meine beiden Begleiter waren angespannt, als wir die italienisch-österreichische Grenze passierten und Österreich durchquerten. Die Überschreitung der deutschen Grenze war ein Grund zum Feiern. Ich öffnete eine Miniflasche Sekt und stopfte ein Stück erstklassigen Parmaschinken in mich hinein – beides offensichtlich Teil der Abmachung, die Gabriele vorbereitet hatte. »Stilvolle Art zu reisen«, dachte ich und bot meinen Begleitern von den Delikatessen an. Die geschätzte Fahrtzeit von Florenz nach München beträgt rund sieben Stunden. Kaum fünf Stunden waren vergangen, als mich die beiden Herren im Zentrum von München absetzten. Die einzigen Worte, die ich während der gesamten Reise sprach, und zwar bei meinen Ausstieg aus dem Auto, waren: »Mille grazie.« Und das meinte ich auch so. Ich war gerade rechtzeitig eingetroffen, um am Hauptbahnhof eine frische Brezel zu essen, meinen Freund Jürgen W. zum Frühstück zu treffen und meine Mutter von einem sicheren Telefon aus anzurufen.

Ich war aus dem Vorhof zur Hölle entkommen. Einem Ort, an dem Maria darum ringt, dem Satan Menschenleben zu entreißen. Weder SIE noch Jesus oder Gott lassen uns je im Stich. Bis zu unserem letzten Atemzug sind SIE an unserer Seite. Diese fünfzehn Monate haben mein Leben und meinen Lebenszweck völlig neu definiert. Jeden Tag lebte und spürte ich die Nähe von Gott und Satan. Beide warten auf unsere

Entscheidung. Alles was wir haben, ist unser guter Wille, Beharrlichkeit, gute Taten und Gebet. Ich entdeckte, dass Maria uns mit IHRER Kraft und Liebe aufrecht hält, sobald wir uns für IHREN Sohn entscheiden. Ich bin IHR nicht nur dankbar dafür, dass SIE mich gerettet und mir eine zweite Chance gegeben hat. Ich bin auch sehr dankbar für die Ehre, IHR in den Jahren, die noch vor mir liegen, dienen zu dürfen. Bis ich IHR von Angesicht zu Angesicht gegenübertrete.

Erste Schritte in der Freiheit

»Frei zu sein, bedeutet nicht nur, die Ketten abzuwerfen, sondern so zu leben, dass man die Freiheit anderer respektiert und aufwertet.«

Nelson Mandela

Nach meiner Ankunft in Frankfurt brach mein System zusammen. Ich verlor drei Zähne. Beim Gehen zog ich mir eine Bänderzerrung des einzigen verbliebenen Bandes in meinem rechten Knöchel zu. Aber dafür wurde meine Harnwegsinfektion endlich behandelt. Ich aß alles, was mir in die Finger kam. Mangelernährt und immer noch gut 25 Kilo unter meinem Idealgewicht, verschlang ich jeden Tag zahllose Schokoriegel, Schnitzel und Würstchen. Schon ganz einfache Dinge zu essen, die ich in fünfzehn Monaten nicht zu Gesicht bekommen hatte, bereitete mir ein enormes Vergnügen. Allmählich kehrte ich zu meiner speziellen MS-Diät zurück: Cranberrysaft, Fisch und Krillöl, alle Arten von Beeren, Trauben und so weiter. Wann immer ich konnte, ging ich schwimmen, weil mein Knöchel zu beschädigt war, um viel zu gehen. Ich zog in ein kleines, dunkles, aber sicheres 25-Quadratmeter-Kellerappartement. Nachdem mein Knöchel langsam heilte, begann ich mit einem ehrgeizigen Therapieplan. Gegen September ging es mir sichtbar besser. Die Fotos nach meiner Haftentlassung zeigen einen sehr mitgenommen aussehenden Mann, der viel älter wirkt als sein biologisches Alter vermuten lässt.

Für eine kurze Zeit hatte ich sogar eine lateinamerikanische Freundin. Zu einem bestimmten Zeitpunkt lebten wir und ihre zwei bemerkenswerten Kinder in dieser Absteige zusammen. Zwar war das Kellerappartement nicht ideal, aber in einem ähnlichen Raum in Sollicciano hätten neun Häftlinge gehaust. Das Loch erschien mir daher ziemlich geräumig und luxuriös.

Allerdings litt ich noch unter meiner Gefängniswut. Als mich eines der halbwüchsigen Kinder meiner Freundin ernsthaft beleidigte, ignorierte ich es das erste Mal und sagte ihm nur, er solle seine billigen Beleidigungen für sich behalten. Beim zweiten Mal drehte ich mich um, packte ihn mit meiner riesigen rechten Hand am Nacken, presste ihn gegen die Wand und hob ihn auf die Zehenspitzen. Ich sagte: »Hör zu, du Klugscheißer. Willst du, dass ich deinen Kopf gegen diese Wand schlage, bis dein Gehirn rausspritzt? Hörst du mich? Hast du das verstanden? Leg dich ja nicht mit mir an. Nie wieder.« Das Ganze dauerte keine zehn Sekunden.

Meine Freundin war hellauf entsetzt, aber sie war Zeugin der ätzenden Attacken ihres Sohns gewesen. Der junge Mann nickte einfach; sein Gesicht war blasser als die Wand, mit der er gerade Bekanntschaft gemacht hatte. Da ich im Gefängnis sehr gut gelernt hatte, Gewalt zu steuern, hatte er nicht einmal einen Kratzer oder blauen Fleck. Wenn man so oft Gewalt ausgesetzt gewesen ist wie ich, weiß man, wie man jemanden einschüchtert, und wann man jemanden verletzen muss. Das Gefängnis hatte aus mir einen Christen, aber auch ein gefährliches Tier gemacht. In Italien hatte ich gelernt, wie man einen Menschen in weniger als 15 Sekunden tötet. Joe beleidigte mich nie wieder, und anschließend kamen wir überraschend gut miteinander aus. Meine

Freundin war ein ganz lieber Mensch. Leider endete unsere Beziehung, weil unsere Prioritäten im Leben einfach zu unterschiedlich waren. Das Band zwischen uns war nicht stark genug, als dass es die kulturellen und Klassenunterschiede und die Familienprobleme überlebt hätte. In gewisser Hinsicht wirklich schade. Ich werde diese Frau immer mögen. Ich schulde ihr viel. Sie wird immer meine Freundin sein. Und das gilt auch für ihre sympathischen und begabten Jungs. Was meine Berufung anbetraf, die Botschaften Unserer Lieben Frau der Gnade bekannt zu machen, war es jedoch das Richtige. Nichts wird mich von dieser Mission abbringen. *Niente.* Während ich diese Zeilen schreibe, lebe ich seit fast einem Jahr im Zölibat. Es wäre schön, eine Freundin zu haben; jemand, mit dem man reden kann, den man umarmen kann. Aber bisher hat Gott andere Pläne mit mir. Vielleicht schaffe ich mir einen Hund an. Inshallah.

Mord in Pisa

»Du sollst nicht töten.«

Sechstes Gebot

Schon lange vor dem Gefängnis habe ich immer auf Messers Schneide gelebt. Im Jahr 2006 überlebte ich nur knapp einen Mordanschlag in Caracas, Venezuela, bei dem ich meine Milz und ein beachtliches Stück meiner linken Lunge einbüßte. Die Kugel steckt noch immer in meinem zwölften Wirbel, gefährlich nahe den Spinalnerven. Zwar war das Risiko einer Querschnittslähmung in einer gewalttätigen und promiskuitiven Umgebung immer präsent, eine schwere Immunschwäche aufgrund der fehlenden Milz ist an derart unhygienischen Orten wie den meisten italienischen Gefängnissen allerdings wesentlich beunruhigender. Ohne Milz funktionierte mein Immunsystem nicht richtig, was mich besonders anfällig für Krankheiten wie HIV, Hepatitis A, C und D, Bronchitis, Lungenentzündung und sogar offene und chronische Tuberkulose machte, die in zahlreichen Gefängnissen grassieren. Monatelang war ich in derselben Zelle untergebracht oder kam regelmäßig mit Häftlingen in Kontakt, die an diesen Krankheiten litten, die für mich allesamt potenziell tödlich waren. Im Sommer wurden wir ständig von Mücken gestochen, die sich von Häftling zu Häftling bewegten und uns das Blut aussaugten. Die Frage war nicht, ob ich mich in einer blutigen Auseinandersetzung, über Teller und Besteck oder in der Dusche oder Toilette anstecken würde, sondern wann. Aber es vergingen fünfzehn Monate, in denen mich die Heilige Muttergottes vor einem scheinbar unausweichlichen Tod schützte.

Ich überlebte. Andere hatten weniger Glück. An einem Punkt wurden vier Häftlinge, die ich kannte, innerhalb von fünf Wochen »sich selber und dem Tod überlassen.« Auf der Krankenstation von Pisa waren im Durchschnitt stets 50 Häftlinge untergebracht. Jeder Tod wäre leicht vermeidbar gewesen und war das ausschließliche Ergebnis medizinischer Vernachlässigung, schlechter Aufsicht oder grausamer und kalkulierter Repression.

Der bemerkenswerteste öffentliche Fall war der des verstorbenen James Edward Burke. James starb am 10. August 2014. Seine vielfachen schweren Erkrankungen, zum Beispiel ein fortgeschrittener Diabetes, ein äußerst schwaches Herz nach zwei Herzinfarkten und zwei Schlaganfällen sowie morbide Adipositas wurden in Pisas Todesfabrik einfach nicht behandelt. Die fette Gefängniskost war Gift für James. Der medizinische Leiter enthielt James die für ihn lebenswichtigen Medikamente vor. Das Wasser war hoch kontaminiert. Als Folge der unhygienischen Bedingungen bekam James Durchfall, der ebenfalls unbehandelt blieb. Das führte zu weiteren Komplikationen, einem fünften Schlaganfall und multiplem Organversagen, das mit seinem grausamen und unnötigen Tod endete. James war Amerikaner, 69 Jahre alt, Christ, ein liebender Ehemann und guter Freund, der einfach nur deswegen sterben musste, weil er von den Gefängnisärzten vernachlässigt wurde und weil das US-Justizministerium Druck gemacht hatte, damit er im Gefängnis von Pisa blieb, trotz einer perfekt dokumentierten hundertprozentigen Haftunfähigkeit.

Was mich psychisch wirklich mitnahm, war der Umstand, dass James und ich so viel gemeinsam hatten. Wir waren beide religiös. Er war Presbyterianer, ich Katholik. Ich hatte rund 30 Kilo Untergewicht und er rund 30 Kilo Übergewicht. Wir waren beide ehemalige Finanzstrategen, die von der USA gesucht wurden. Auch James war von seinen engsten Geschäftspartnern im Stich gelassen worden. Uns beiden wurden die dringend benötigten Medikamente verweigert. Wir beide hatten Kinder. James hatte vier. Nur eines half ihm, während die drei anderen sein Elend vollkommen ignorierten. Sein jüngster Sohn Jeb, der zu dem Zeitpunkt in Madrid lebte, war eine Ausnahme. Von seinem schmalen Gehalt unterstützte er seine Mutter und bezahlte die Verteidiger seines Vaters. James hatte keinen Zugang zu Geld. Seine anderen drei Kinder hätten ihm helfen können, kümmerten sich aber nicht und opferten nicht einen lausigen Dollar, um ihrem Vater zu helfen.

James hatte mich über das viele Geld, das er angeblich besaß, angeschwindelt. Er hatte gar nichts. Ich brachte Mario Zanchetti dazu, ihn zu verteidigen. Aber niemand wollte ihn bezahlen. Ich hatte ebenfalls am eigenen Leib gespürt, was es heißt, von der eigenen Familie verlassen zu werden, aber James´ Kreuz wog viel schwerer als meins. Ich verbrachte ungefähr fünf Wochen mit ihm, bevor ich freigelassen wurde. Ich brachte ihm Mineralwasser, Seife, Toilettenpapier und einige grundlegende Nahrungsmittel. Ich schirmte ihn vor Schutzgelderpressern ab, die glaubten, James sei reich. Außerdem dolmetschte ich zwischen ihm und den Wärtern und dem medizinischen Personal. Als ich das Gefängnis verließ, hatte er niemanden mehr, der ihm half. Was für eine Schande.

In einem spanischen Gefängnis hatte der verantwortliche Gefängnisarzt wegen der lebensbedrohlichen Gesundheitsprobleme James' Entlassung bewirkt. Ein spanischer Richter argumentierte, James weiterhin zu inhaftieren, käme einem Mord gleich. Eine derartige humane oder medizinische Logik gibt es in Italien nicht. Kein Mitgefühl. Die italienischen Richter und ihre amerikanischen Bosse verhinderten eine moralisch, rechtlich und medizinisch korrekte Entscheidung. In der Tat wurde ein Antrag auf Verlegung in ein spezielles Herzzentrum abgelehnt. Genau wie in meinem Fall. Die verantwortliche Gefängnisärztin von Pisa konstatierte – genau wie bei mir –, James werde angemessen behandelt und würde im Gefängniskrankenhaus geheilt.

Das medizinische Personal behielt James im Gefängnis, obwohl offensichtlich war, dass er haftunfähig war und wahrscheinlich sterben würde. Ist das fahrlässige Tötung oder Mord? Anfang Juni teilte mir Mario Zanchetti mit, James sei an Komplikationen gestorben, die sich als Folge der gleichen Harnwegsinfektion ergeben hätten, die auch ich mir in Pisa zugezogen hatte. Leider war James' Immunsystem noch schlechter als meins.

Aber wer bin ich, um irgendjemanden zu richten? Einst war ich ein äußerst erfolgreicher, aber ziemlich skrupelloser Finanzhai. Hätte ich mich anders verhalten als diese niederträchtigen kleinen Bürokraten, wenn ich ein »Gutmensch« gewesen wäre anstatt ein Erzkapitalist? Möglicherweise, aber letztlich kann ich es nicht beantworten. Auf meinem Weg zum Gipfel des Reichtums war ich zu ehrgeizig, um viele Gefangene zu machen. Ein Typ, der mich einst um sechs Millionen Euro betrogen hatte, beging am Ende Selbstmord. Ich war nicht sehr charmant zu ihm, als ich dafür sorgte, dass ich mein Geld zurückbekam. Als karrieregeiler Macher war ich vielleicht genauso ehrgeizig und skrupellos wie diese Mörder. Dennoch hatte die Heilige Muttergottes Gnade und machte es mir zur Berufung, IHRE Gnadenbotschaft zu verbreiten. Und James Edward Burke wurde ermordet. Wegen der großen Gnade Unserer Lieben Frau bete ich ernsthaft für diese herzlosen Seelen und alle meine bösen Feinde, damit sie Liebe, Samaritertum, Mitgefühl und ein Gefühl für den Lebenszweck entdecken.

Ich hätte James Burkes Schicksal erleiden können, aber die Göttliche Mutter bedeckte mich mit IHREM Heiligen Mantel. Ich überlebte die Todesfabrik von Pisa ohne größere dauerhafte körperliche Schäden. Nachdem ich von James' Tod erfahren hatte, sprach ich fast zwei Stunden mit seinem Sohn Jeb und seiner Mutter und kondolierte. Es war wichtig, dass Mrs. Burke erfuhr, wie oft ihr Mann über sie gesprochen hatte und dass er sich mehr Sorgen um sie gemacht hatte, als um sein eigenes Schicksal, und wie sehr er sie geliebt hatte. Das war eines der schwierigsten Telefongespräche meines Lebens.

Jobangebote

»Wähle eine Arbeit, die du gerne machst, und du wirst in deinem ganzen Leben keinen einzigen Tag arbeiten müssen.«

Konfuzius

Zu meiner großen Überraschung erhielt ich gleich nach meiner Ankunft in Deutschland drei Jobangebote. Eines drehte sich um die Einrichtung einer Corporate-Finance-Boutique für eine englische Gruppe. Das andere bestand in der Einfädelung eines Zwei-Milliarden-Dollar-Infrastrukturprojekts, und beim dritten ging es um die Rettung eines Unternehmens vor einem feindlichen Übernahmeversuch. Die beiden ersten Angebote beinhalteten einen saftigen Bonus, aber sie hatten einen schlechten Beigeschmack. Das dritte Angebot drehte sich um ein hoch ethisches börsennotiertes Unternehmen, das dringend eine aggressive Verteidigungsstrategie benötigte. Ich kannte dieses Unternehmen seit mehr als zehn Jahren. Aus dem Gefängnis heraus hatte ich es zudem über die Restrukturierung seines operativen Geschäfts beraten. Die Abwehr einer feindlichen Übernahme war genau mein Metier. In der Vergangenheit hatte ich Dutzende von Unternehmen filetiert und mit Greenmailing saftige Gewinne erzielt. Ich kannte jeden Trick zur Abwehr eines feindlichen Unternehmensplünderers. Es war merkwürdig, einmal auf der guten Seite zu kämpfen. Zum ersten Mal im Leben war ich der Weiße Ritter und nicht der finstere Reiter.

In der Vergangenheit hätte ich einige Telefonate geführt, einige Meetings mit einer Handvoll verschwiegener, skrupelloser Profis mit viel Geld geführt und das Unternehmen wäre meins gewesen, und zwar zu einem Schnäppchenpreis. Darüber dachte ich nicht einmal nach. Nicht so dieses Mal. Ich verzichtete auf ein 20-Millionen-Honorar, um das zu tun, was richtig war. Ich kann hier nicht in die Details gehen, aber so viel sagen, dass der CEO, der den Übernahmeversuch eingefädelt hatte, gefeuert wurde. Inzwischen ermittelt die amerikanische Börsenaufsicht SEC gegen ihn; möglicherweise wird er einige Zeit hinter Gittern verbringen.

Der von mir unterstützte CEO gab viele hunderttausend Dollar für Berater aus, die nicht den blassesten Schimmer hatten, wie man einen aggressiven Finanzhai abwehrt. Oft musste ich ihre dilettantische Arbeit korrigieren. Ich hatte viele hundert Stunden und noch mehr Geld darauf verwendet, diese kleine Zitadelle zu retten. Als es jedoch an der Zeit war, mein Honorar für die erfolgreiche Abwehrschlacht zu bezahlen, nahm der CEO meine Anrufe nicht entgegen und verweigerte jede Kommunikation. Nie habe ich auch nur einen Cent für meine Arbeit gesehen. Dieser Mann und seine Konsorten fürchteten sich zu Tode, mit mir in Verbindung gebracht zu werden. Allerdings hatte sie das nicht davon abgehalten, meine Kompetenzen in Anspruch zu nehmen. »Schwach, ängstlich, feige«, konstatierte ich. Angst und Gier sind schlechte Bettgenossen. Ich hoffe, dass dieser Mann und seine attraktive

Assistentin diese schlechten Eigenschaften eines Tages gegen Mut und Integrität eintauschen. Bei diesem Projekt um mein Geld betrogen zu werden, war auch deswegen schlimm, weil ich praktisch insolvent war und weder meine Anwälte noch meine Krankenversicherung bezahlen konnte. Außerdem hatte mich dieser Typ schon einmal hängenlassen. Schöne Sch..... Die Welt hat nur wenig zu bieten, aber wie Mutter Teresa einst sagte: »Das Gute, das du heute tust, haben die Menschen morgen oft vergessen. Tu es trotzdem.« Daran werde ich mich halten.

Das Unternehmen bewahrte seine Unabhängigkeit und erhielt von der Regulierungsbehörde sogar die Zulassung seines Produkts. Mit etwas Glück wird es die Leben von vielen Millionen Leidenden in den nächsten Jahren verbessern. Das ist doch eine großartige emotionale Rendite. Ich bin dankbar, dass ich dabei meine Rolle erfüllen konnte, selbst wenn ich finanziell übers Ohr gehauen wurde. Wer bin ich, dass ich mich beklagen dürfte? Es ist ein Geschenk des Himmels, dass ich überhaupt lebe und dieses Buch schreiben kann. Ich habe die beste Arbeit der Welt, weil ich für die Gnadenvolle Mutter arbeiten darf. Und ich liebe meine Arbeit. Irgendwie wird Gott für alles andere sorgen. Darauf kann man sich verlassen.

Der Medienzirkus

»Die Medien sind die mächtigste Einrichtung der Welt. Sie haben die Macht, Unschuldige schuldig und Schuldige unschuldig zu machen. Und das ist Macht, weil sie die Wahrnehmung und das Urteil der Massen steuern.«

Malcolm X

Meine Entlassung aus dem Gefängnis war selbst für mein Anwaltsteam eine Überraschung, aber die Medien überschlugen sich. Ihre Erklärung für meine unerwartete Freilassung war, dass Italien die Sache vermasselt habe, weil sie bestimmte Verjährungsfristen hätten verstreichen lassen. Die Amerikaner gaben Italien die Schuld und warfen dem Land Inkompetenz vor. Nichts hätte weiter von der Wahrheit entfernt sein können. Die Amerikaner hatten schwere Fehler bei mindestens drei grundlegenden juristischen Verfahren gemacht und ihre italienischen Pudel hatten diese Fehler jedes Mal vertuscht und den Amerikanern geholfen. Die Situation wurde noch absurder, als mich das FBI auf die Liste der meistgesuchten Personen setzte. »Das ist schon fast kindisch, eine zutiefst emotionale Reaktion. Die müssen sich ihre Wunden lecken«, lautete das Urteil meiner Anwälte. Meine Zweifel, ob ich vielleicht wirklich eine der größten kriminellen Bedrohungen für die Sicherheit und Stabilität der USA sei, dauerten weniger als eine Sekunde. Einstweilen bin ich der einzige Deutsche auf dieser beeindruckenden und äußerst bunten Liste, auf der sich mexikanische Drogenhändler, Al-Qaida-Terroristen, Serienmörder und echte Helden wie Edward Snowden tummeln.

Deutschlands führende Boulevardzeitung bezeichnete mich täglich als multimilliardenschweren Betrüger, obwohl ich zu keinem Zeitpunkt für irgendein Vergehen verurteilt wurde, das diesen Vorwurf gerechtfertigt hätte. Eines Abends ging ich zu einem Basketballspiel. Irgendwelche Journalisten bannten mich auf ihre Fotos und am nächsten Tag wurde überall darüber berichtet. »Was für ein Schwachsinn«, dachte ich. Ich war offiziell in Deutschland als wohnhaft gemeldet, es lief kein Auslieferungsverfahren gegen mich, und ich versuchte, Ordnung in Kopf und Körper zu bringen. »Was war an dieser Meldung nun von öffentlichem Interesse?«, fragte ich mich. »Ich wollte einfach nur ein Basketballspiel ansehen.« Danach zeigte ich mich kaum noch in der Öffentlichkeit, weil es immer noch zu viele Armleuchter gibt, die glauben, auf meinen Kopf sei nach wie vor eine siebenstellige Summe ausgesetzt. Die Medien hatten nichts dazu beigetragen, dieses inhaltslose Gerücht zu begraben. Vielmehr schlachteten sie weiterhin die alte Kopfgeldstory aus.

Nach ungefähr fünf Monaten Therapie war ich bereit, aktiv meiner Berufung zu folgen. An einer bayerischen Universität sprach ich vor 300 Studenten über Werte, Glaube und Erfolg. Ich beteiligte mich an zwei Filmprojekten, zwei Buchprojekten und hielt mehrere Vorträge, während ich mich in vier hochkomplexen und sehr teuren Gerichtsverfahren verteidigte. Ich hatte kein Geld, aber allen Glauben und guten Willen der Welt. Ich betete weniger als in Pisa – ungefähr zwei Stunden pro Tag. Meine Mission war ganz einfach: Liebe, Geben und die Verbreitung der Botschaft Unserer Lieben Frau der Gnade. Und falls Gott mir ein wenig Begleitung während dieser lebenslangen Mission erlauben würde, wäre ich noch dankbarer. Einstweilen muss ich geduldig und beharrlich sein. Und zulassen, dass mich die Heilige Muttergottes in allem leitet.

Repressionen

»Menschenrechte werden nicht nur von Terrorismus, Repression oder Mord verletzt, sondern auch von ungerechten Wirtschaftsstrukturen, die eine riesige Ungleichheit erzeugen.«

Papst Franziskus

»Die Kosten der Freiheit sind geringer als der Preis der Unterdrückung.«

W. E. B. DuBois (Führender US-amerikanischer Vertreter der schwarzen Bürgerrechtsbewegung)

Einige Schweizer Regierungsfunktionäre glauben, wenn sie den Amerikanern helfen, werden sie mit Respekt und Zuneigung behandelt. Das ist albern. Amerika hat eine lange Tradition, was den Verrat seiner engsten Verbündeten angeht. Fragen Sie Saddam Hussein. Die Italiener üben Vendetta, wenn sie sich betrogen fühlen. Irgendwann, wenn Sie es am wenigsten erwarten, rächen sie sich. Ein amerikanischer Regierungsbeamter erzählte einem hochrangigen amerikanischen Richter, der mit einem meiner Fälle befasst war, sogar, ich sei aus Italien geflüchtet. Das ist eine eklatante Lüge und umfassend dokumentiert. Solche Lügen sind aber nichts Neues. Das amerikanische Justizministerium bezeichnete mich in einer seiner Pressemitteilungen einst als Gesetzesflüchtigen. Um den ursprünglichen Haftbefehl aufrechtzuerhalten, leisteten sie sogar einen Meineid. Auch dafür hatten wir den Beweis. Mein erfahrenster Anwalt beurteilte die von der Regierung sanktionierten Vergehen folgendermaßen: »Wenn die Argumentationslage schwach ist, greifen die Staatsanwälte und Beamten oft zu illegalen Mitteln, um ihre Interessen zu verfolgen. Ich kenne viele Staatsanwälte und Beamte, die ganz bewusst einen Meineid geschworen haben. Und wissen Sie was? Sie wurden befördert.«

In der Schweiz sind seit mehr als einem Jahrhundert einige der umstrittensten Vermögen der Welt geparkt. Nun liefert die Schweiz ihre Kunden aus, denen sie ihren immensen Wohlstand verdankt. Da sie nicht weniger bedrohlich wirken wollte als ihre amerikanischen Kollegen, hat die Schweizer Staatsanwältin zwei europäische Haftbefehle gegen mich ausgestellt. Sie kann so viele Haftbefehle ausstellen, wie sie will, denn bis ein Fall vor dem Gericht landet, ist der Staatsanwalt laut den Schweizer Gesetzen zugleich Richter. Das ist ein gewaltiger Interessenkonflikt und ein staatlich sanktionierter Freifahrtschein für jede Art von Rechtsmissbrauch. Diese Haftbefehle haben in Deutschland jedoch keinerlei Gewicht. Deutschland liefert seine Bürger an kein Nicht-EU-Land aus. Die Schweizer Haftbefehle haben in meinem spezifischen Fall nur einen Zweck: reine Verfolgung und Schikane. Sie sind wissentlich betrügerisch und umso absurder, als ich von 2009 bis 2012 vollständig mit den Schweizer Behörden kooperiert habe. Das Einzige, das sich seit meiner Verhaftung verändert hat, ist der Umstand, dass

der Hauptzeuge der Anklage meine Unschuld in den offiziellen Anhö-
rungen in Lausanne vor den FBI-Agenten und der Schweizer Staatsanwaltschaft bestätigt hat.

Was beide Länder gemeinsam haben, ist die Tatsache, dass beide sehr
schnell mit Verhaftungen sind, um anschließend mit den Angeklagten
zu verhandeln. Inhaftiert und im Allgemeinen ohne Zugang zu finanziellen Ressourcen, kann sich der Angeklagte nicht effektiv verteidigen
und wird sich notgedrungen auf einen faulen Deal einlassen, um möglichst schnell aus der Haft entlassen zu werden.

Am 19. Dezember wurde ich in Bayern aufgrund eines dieser betrü-
gerischen Haftbefehle verhaftet. Nach einer unbequemen Nacht in einem deutschen Gefängnis, ordnete das Bundeskriminalamt (BKA) am
nächsten Morgen meine Freilassung an. Ich wurde nicht einmal dem
Richter vorgeführt, so offensichtlich arglistig war der Haftbefehl. Allerdings muss ich hier Gerechtigkeit walten lassen. Die Polizisten, die
mich verhaftet hatten, behandelten mich wie ein menschliches Wesen.
Sie hielten sich an das korrekte Prozedere und die Diensthabenden des
BKA taten ohne Verzögerung das Richtige. Offensichtlich sind nicht
alle Deutschen unterwürfige Nazis. Die Behörden halten sich an Recht
und Gesetz, trotz des Drucks der Amerikaner und der Schweiz. Es gibt
noch Hoffnung. Wir machen nicht immer einen Kotau vor den amerikanischen Imperialisten. Die Schweizer Staatsanwältin, die mit meinem Fall befasst war, dagegen schon. Das geht wahrscheinlich immer
so weiter. Die Italiener haben zumindest ihre Vendetta. Das ist ihre Art
und Weise, für einen Ausgleich zu sorgen. Sie haben mich tatsächlich
überrascht. Der *Consiglio di Stato* hat den Auslieferungsstopp nicht aufgehoben. Die Deutschen halten sich an ihre eigenen Gesetze und nicht
an das, was ihnen irgendeine selbsternannte transatlantische Macht vorschreiben will. Deutschland schützt die Rechte seiner Bürger viel besser als Amerika. In einem Universum der Big-Brother-Satellitenstaaten
schneidet Deutschland wesentlich besser ab als die meisten, was die Be-

achtung der Menschenrechte und der individuellen Freiheit angeht. Ich bete dafür, dass Deutschland das Freihandelsabkommen TTIP mit den USA nicht abschließt. Wir würden einen Großteil unserer Unabhängigkeit zum Schaden der Mehrheit der Bevölkerung verlieren. Vielleicht wehren sich ja einige Europäer zunehmend dagegen, blind alles zu befolgen, was ihnen ihre amerikanischen »Freunde« vorschreiben.

Nichtsdestotrotz sind Repressionen Teil meines täglichen Lebens. Wir haben Beweise für zahlreiche Hackerangriffe auf verschiedene Computersysteme, die allesamt ihren Ursprung in der Schweiz und Amerika haben. Während meiner kurzen Haft in Bayern wurde in drei Häuser, die zum Familienbesitz gehören, eingebrochen, und zwar in Frankreich, Deutschland und Luxemburg. Dabei wurden ausschließlich Computer, Akten und Notebooks entwendet, aber kein Bargeld. Mein Sohn Conrad, der zum Zeitpunkt meiner angeblichen Vergehen elf Jahre alt war, wurde und wird an nationalen und internationalen Flughäfen oft von US-Agenten schikaniert. Meine Exfrau wurde bei zahlreichen Gelegenheiten bedroht und eingeschüchtert. Mein Verleger wurde unter Druck gesetzt, damit er den Entwurf zu meinem Buch aushändigt. Leute, die mich unterstützt haben, wurden in ihrer Privatsphäre verletzt. Zwei Android-Mobiltelefone wurden durch Trojaner unbrauchbar gemacht. Wir haben in einem unserer Autos sogar eine Wanze gefunden. Alle diese Behauptungen lassen sich verifizieren. Es gibt Polizeiberichte, Transkripte, Filme, eidesstaatliche Versicherungen und so weiter. Diese Bedrohungen sind real. In Deutschland mag ich ein freier Mann sein, aber die Verfolgung geht unverhohlen weiter, genauso wie in Italien.

Ich habe mich an diese repressiven Taktiken ziemlich gewöhnt. Ich bezeichne sie inzwischen als »business as usual.« Dennoch empfinden meine Partner und ich sie als äußerst irritierend. Sie verhindern, dass ich meiner Mission nachgehe. Aber genau wie in Italien bin ich sicher, dass Maria mir helfen wird. SIE ist stärker und klüger als die Mächte der Finsternis. Und ich bin IHR willfähriges Instrument.

Kapitel 5:

Antworten

»Ich bin von einer Menge Leute umgeben, die meinen, äußerer Erfolg würde ihnen ein gutes Gefühl zu sich selber geben. Mir dagegen erscheint das extrem unerfüllend.«

Alanis Morissette

Ich fühle mich großartig! Warum?

Es gibt viele Gründe, warum ich niedergeschmettert sein sollte. Verschiedenen medizinischen Gutachten zufolge bin ich inzwischen erheblich behindert. Ich habe sogar einen offiziellen Behindertenausweis. Ich habe keine Krankenversicherung und saftige Arztrechnungen. Ich bin insolvent, um nicht zu sagen, technisch bankrott. Meine Mutter und einige wenige Freunde helfen mir mit allem. Die meisten meiner ehemaligen »Freunde« haben mir die kalte Schulter gezeigt oder sogar gegen mich Partei ergriffen. Ich muss mich in vier großen Prozessen selbst verteidigen, weil ich keinen Anwalt bezahlen kann. Ich habe meinen Sohn fast zwei Jahre nicht gesehen. Es vergeht nicht eine Woche, in der ich nicht von den Schweizern oder Amerikanern drangsaliert oder bedroht würde. Ich kann Deutschland nicht verlassen. Alles Geld, das ich besitze, ist auf Konten eingefroren und kann weder zu meiner Verteidigung noch für wohltätige Zwecke verwendet werden. Meine Mutter ist sehr krank. Es gibt keine Frau in meinem Leben. Oft bin ich ziemlich einsam und verstecke mich im Nirgendwo. Diejenigen, denen ich vertraut habe, haben mich schamlos bestohlen und mich im Stich gelassen. Aus Sicht der Öffentlichkeit bin ich ein totaler Versager und eine Persona non grata.

Dennoch fühle ich mich voller Energie und Lebenssinn. Ich muss keine 200 Telefonate am Tag mehr führen und keine 100 Stunden pro Woche mehr arbeiten. Ich mache karitative Arbeit, halte Vorträge und bete. So oft ich kann, verbringe ich Zeit mit meiner Mutter. Oft spreche ich mit meiner Tochter. Alle meine Geschäftsaktivitäten konzentrieren sich ausschließlich auf besonders ethische Unternehmen. Ich helfe meinen Kindern bei ihrer eigenen Entwicklung. Ich unterstütze Häftlinge und ihre Familien. So Gott will, wird die Maria Barbara Homm Stiftung zum Erscheinungstermin dieses Buches ihre Arbeit aufnehmen. Sie wird die Botschaften Unserer Lieben Frau verbreiten und missbrauchten Frauen und Kindern in einigen der ärmsten und gewalttätigsten Teilen der Welt helfen. Es gibt zwei Filmprojekte, die kurz vor der Vollendung stehen sowie ein weiteres Buch, das praktikable Investmentlösungen zum Umgang mit der nächsten, weitaus schlimmeren Finanz- und Wirtschaftskrise bieten wird.

Ich habe mich oft gefragt, warum ich mich nun besser fühle als zu dem Zeitpunkt, da ich alles besaß, was man sich nur vorstellen kann. Die einfache Antwort lautet, dass wir nur durch Liebe und Geben Erfüllung auf Erden finden. Für mich sind Glaube und Gebete die wirksamsten Instrumente, um Lebenszufriedenheit und Glück zu empfinden. Ich habe drei Jahrzehnte damit verbracht, materielle Besitztümer anzuhäufen, anstatt zu geben. Immer ging es nur um mich – meine Karriere, mein Spielzeug, meine Leistungen, mein Ego. Und das ist genau der falsche Weg, um dauerhaft Freude und Erfüllung zu finden. Ich weiß das, weil ich 30 Jahre so gelebt habe.

Wenn wir nach den scheinbar wichtigen, äußerlichen Dingen streben, blähen sich unsere Egos auf und unsere Seelen verkümmern. Unsere Herzen werden härter als Kryptonit. Dann verlieren wir die Fähigkeit, uns an den kleinen Dingen zu freuen. Wir suchen immer nach noch größeren und besseren Dingen und glauben, dass diejenigen, die den ersehnten Ruhm, Besitz und Glamour haben, glücklich sind. Ständig suchen wir bei anderen nach Anerkennung, als würde uns das glücklich machen, dabei bläht es nur unser Ego weiter auf. Diejenigen, die wohltätige Dinge tun, geben und lieben, sind dagegen die eigentlichen Gewinner. Sie empfinden Erfüllung und dauerhaft Freude. Vielleicht kommen sie sogar in den Himmel. Wir müssen unsere Herzen und Seelen pflegen, um Glück und Zufriedenheit zu erlangen, und nicht unsere unersättlichen Egos, bis sie explodieren.

Was uns wirklich glücklich macht

»*Was unser Leben lebenswert macht, ist die Schönheit der Seele. Wer sie gesehen hat, wird sich nie wieder von Gold, Kleidung oder dem Anblick schöner Knaben und Jünglinge und all dem Flitter verführen lassen, der einst den Atem raubte ... Wer diese wahre Schönheit erblickt, wird die echte Tugend erkennen, und nicht ihr Schattenbild. Wenn ein Mensch sich dieser perfekten Tugend befleißigt, erlangt er die Liebe Gottes. Und falls ein Mensch je unsterblich sein kann, dann wird es dieser wahrhaft Tugendhafte sein.*«

Sokrates

Selbstverständlich bin ich nicht der einzige ehemalige Erzkapitalist, der seine Erleuchtung erlebt. Eine große humanitäre Bewegung ist in der

Formierung begriffen und gewinnt an Eigendynamik. Dieser wachsende Trend bildet das Gegengewicht zur Vermögensmaximierung, Margenoptimierung, Nettovermögen und anderem Unsinn. Michael Milken, der wegen Wertpapierbetrugs verurteilt wurde, betreibt inzwischen eines der ethisch anspruchsvollsten und meistversprechenden Biotechnologie-Unternehmen, die auf dem Markt sind. George Soros, der in Frankreich wegen Insiderhandels verurteilt wurde, managt kein Geld mehr für andere, sondern konzentriert sich fast ausschließlich auf verschiedene weltweite philanthropische, humanitäre und bildungsorientierte Projekte. Bill Gates und Warren Buffett, die beide schon Bekanntschaft mit Recht und Gesetz gemacht haben, haben sich zusammengetan, um unsere Welt zu einem besseren Ort zu machen, vor allem in Afrika. Mehr als 130 schwerreiche Persönlichkeiten haben sich ihrer Sache angeschlossen. Zwar sind sie immer noch eine kleine Gruppe, aber ihre Initiativen zeigen bereits messbare positive Effekte. Glauben Sie, Gates und Buffett seien dumm? Ich glaube, beide haben erkannt, was wirklich zählt. Sie bilden karitatives Kapital, indem sie nach einer möglichst hohen emotionalen Rendite streben.

Glück und Zufriedenheit lassen sich inzwischen mithilfe von Gehirnscans und funktioneller Magnetresonanztomografie messen. Das gab es in meiner Jugend noch nicht. Hätte es das in meinen prägenden Jahren schon gegeben, hätte ich vielleicht von Anfang an eine andere Route gewählt. Stattdessen ließ ich mich vom Mega-Finanzkapitalismus der 80er- und 90er-Jahre verführen. Ich verlor mich in meiner Egomanie. Im letzten Jahrzehnt ist ein ganz neuer Psychologiezweig namens Positive Psychologie entstanden, dessen Reichweite ständig zunimmt. Die Pioniere dieses neuen Ansatzes messen und analysieren, was uns glücklich macht. Professor Martin Seligman der Universität von Pennsylvania hat eine Methode mit der Bezeichnung PERMA entwickelt. PERMA bewertet und stuft Handlungen und Verhaltensweisen danach ein, ob sie uns dauerhaft glücklich und zufrieden machen. Seligman nennt auch die Faktoren, die am wenigsten geeignet sind, uns dauerhafte Zufriedenheit zu verschaffen, zum Beispiel Konsum, exzessives Feiern, Konzentrationsunfähigkeit, Materialismus etc. Diese Methode wirkt eher intuitiv, basiert aber auf rigoroser wissenschaftlicher Forschung. Die Koenig/McCullough-Metastudie über Religion und Gesundheit ergab eine ausgeprägt positive Korrelation zwischen Glaube und Wohlbefinden. Einige Studien weisen darauf hin, dass die Lebenserwartung praktizierender Gläubiger in den USA achtmal höher ist als die von Nichtgläubigen. Was mich wirklich fasziniert, ist, dass so viele dieser Elemente, die uns Erfüllung bescheren, in den Botschaften der Gnade Unserer Lieben Frau gegenwärtig sind. Das genügt mir.

In den letzten zwölf Monaten habe ich mich intensiv mit der Wissenschaft der Lebenszufriedenheit beschäftigt. Meine Überzeugungen sind unerschütterlich. Aber neugierig, wie ich von Natur aus bin, wollte ich sehen, ob es wissenschaftliche Erkenntnisse gibt, die meinen neuentdeckten inneren Frieden und meine Freude erklären. Ich möchte außerdem herausfinden, warum ich glücklich bin, obwohl ich so wenig habe und von vielen meiner ehemaligen Kollegen und Partner als Schande betrachtet werde. Es ist wissenschaftlich erwiesen, dass die Korrelation zwischen großem Reichtum und Lebenszufriedenheit so zweifelhaft ist, wie die Korrelation zwischen weltlichem Erfolg und Lebenszufriedenheit.

Es ist mir wirklich egal, was die Welt denkt. Aber mir ist äußerst wichtig, was mich erfüllt, mich glücklich macht und mich in den Himmel bringt. Mein Freund und Filmemacher Felix von Boehm bezeichnet diesen Ansatz als »der neue Egoismus«. Ist es selbstsüchtig, ein zweck- und sinnerfülltes Leben zu führen und Zufriedenheit zu suchen, indem man gibt und liebt? Nein, das ist vernünftig. Was soll die Alternative sein? Nach Dingen zu streben, die nichts zu unserer Lebenszufriedenheit beitragen oder uns sogar unglücklich machen?

Ich kann den herkömmlichen Überzeugungen nicht mehr folgen, sondern ziehe es vor, meine Seele zu entwickeln und Teil einer Mission zu sein, die wertvoll und um ein Vielfaches größer ist als ich. Natürlich werde ich ethische Unternehmen und menschlich wertvolle Anliegen unterstützen. Ich bin auch hier, um Bedürftigen zu helfen. Das ist ein dornenreicher Pfad voller Mühsal und Beschwernisse. Er bietet weder Extravaganzen noch unmittelbare Vergütung, aber der Lohn ist immerwährend.

Ein Leben gemäß den Maximen der Liebe, der Wohltätigkeit und des Mitgefühls macht unsere Welt zu einem wesentlich freudvolleren und lebenswerteren Ort. Es ist die Antwort auf die einzig relevante Frage im Leben: Was macht uns wirklich glücklich und zufrieden? Das soll nicht heißen, dass wir nicht erfolgreich oder reich sein dürfen. Solange wir lieben und unser gutes Schicksal mit weniger Begünstigten teilen, wie es der Heilige Lazarus tat, tun wir das Richtige. Nach sieben langen Jahren der Suche hatte ich endlich die Antwort gefunden. Sokrates kam schon vor 2 400 Jahren zu dieser Erkenntnis. Der einzige Unterschied war, dass der wissenschaftliche Beweis für seine Definition von Glück noch nicht erbracht war.

Meine größte Herausforderung besteht darin, denen zu vergeben, die mich und meine geliebten Menschen verfolgen und drangsalieren. Und weil ich gerade beim Thema bin, könnte ich auch denen vergeben, die mich im Stich gelassen und bestohlen haben. Ich wünsche ihnen alles Gute und bete, dass sie in ihrem Leben einen wahren Sinn und echte Zufriedenheit finden.

So lange ich kein Riesentamtam um meine karitativen Aktivitäten mache und kein besessener Christ werde, der die Anerkennung anderer Gutmenschen sucht, bin ich auf dem richtigen Weg. Solange Maria mich mit IHRER Kraft und Liebe unterstützt, kann ich sogar die unaufhörliche Drangsal seitens der Amerikaner und ihrer Schweizer Unterlinge ertragen. Maria hat zuvor schon alles zum Guten gewendet. Möge sich IHR Plan für mein Leben erfüllen.

Und solange ich nicht zulasse, dass mein unersättliches Ego erneut sein hässliches Haupt erhebt und die aufkeimende Schönheit meiner Seele eintrübt, wird Gottes Wohlgefallen auf mir ruhen. Und wenn ich weiterhin mit dem Herzen denke und dem Pfad der Liebe folge, wird es mir gutgehen und ja, ich werde erfüllt sein.

Epilog

Ich muss über Rückschläge lachen können und meinen Glauben auf keinen Fall verlieren. Am 15. August ist mein Vater verstorben. Tragisch genug, aber fast ein Vierteljahrhundert habe ich ihm und seiner zweiten Frau regelmäßig geschrieben und Kontakt gesucht, ohne jemals eine Antwort zu bekommen. Im November 2013, während ich in Pisa im Gefängnis war, ist mein Vater zum Notar gewackelt und hat mich enterbt. Eigentlich hätte ich mich im Knast enorm über ein Lebenszeichen von meinem Daddy gefreut. Wie krank ist das? Ganz besonders, weil meine Oma, väterlicher Seite, mich bereits enterbt hatte. Das ist, zumindest aus statistischer Sicht, bemerkenswert. Aus meinem Netzwerk von über zehntausend Individuen kenne ich nicht eine Seele, die zweimal enterbt wurde. Das muss man erst einmal schaffen!

Vor kurzem wurde ich wieder mal aufgrund eines dieser bull-shit Haftbefehle der Eidgenossen im Taunus verhaftet und abgeführt. Wieder wurde ich vom Bundeskriminalamt nach einigen Stunden freigelassen, musste aber den Polizeibeamten meinen Wohnsitz zeigen, um zu bestätigen, dass ich dort tatsächlich wohne. Was soll das?

Die deutsche Polizei wird von den Schweizern instrumentalisiert bei meiner Hexenjagd mitzuwirken und Informationen zu sammeln. Die Schweizer hatten neun Jahre Zeit Anklage zu erheben. Die letzte Anklageschrift vom September war so schlecht argumentiert, dass sie vom Richter zurückgewiesen wurde. Eine Blamage für die Staatsanwaltschaft.

Selbst die stockkonservative *Neue Zürcher Zeitung* sah das nicht anders. In Deutschland wäre ein fairer Prozess wahrscheinlich. Aber in Deutschland trauen sich weder die Amis noch die Schweizer mich zu verklagen. Das wäre ja naheliegend. Warum eigentlich nicht? Wahrscheinlich, weil sie vermuten, dass sie diesen zweifelhaften Prozess unter fairen, rechtsstaatlichen Bedingungen verlieren würden.

Jetzt bin ich ungefähr so lange in relativer Freiheit wie ich im Knast war. Die Zeit ist gekommen, um diese Erfahrung zu teilen. Was habe ich erreicht? Viel zu wenig. Ich habe zwei Bücher geschrieben, an drei Filmprojekten mitgewirkt, dazu beigetragen, vier Organisationen ins Leben zu rufen. Ich konnte einige Vorträge halten. Ich helfe Migranten, Gefängnisinsassen, Müttern und Kindern in Not. Ich kämpfe gegen übermächtige Gegner in vier komplexen und unbezahlbaren Verfahren. Meinen Anwälten schulde ich sechsstellige Summen, und der Bankrott droht. Meiner schwerkranken Mutter versuche ich ein guter Sohn zu sein. Die Schikanen und Attacken sind noch vehementer geworden, auch gegen diejenigen, die mich unterstützen.

Was mich am meisten stört, ist, dass ich bisher weniger als hundert Bücher der *Botschaften der Barmherzigkeit der Muttergottes* verteilt habe. Das stimmt mich traurig, denn dieses kleine Buch hat mein Leben und meine Seele gerettet. Dieses Buch bekannt zu machen, ist meine eigentliche Aufgabe. Anderen zu helfen, die sich in schwierigen Lebenslagen befinden und dringend Worte und Taten der Gnade und Hoffnung brauchen.

Aber hier gibt es Lichtblicke. Seit Juli bin ich im Besitz des Copyrights dieses Buches in deutscher Sprache. Gott wird es mir ermöglichen, diese Botschaften vielen zugänglich zu machen. Wie, wann und wo? Das liegt in seiner Hand. Ich bin guten Willens, beharrlich und bitte um seinen Segen.

Aber wie viele Rückschläge kann ich noch verkraften? Millionen-Dollar-Klage wurde vor kurzem gegen mich eingereicht. Bei der geringsten Auffälligkeit werde ich verhaftet. Ich kann mir nicht einmal eine Krankenversicherung leisten. Ich lebe von der Hand in den Mund und bin zum ersten Mal seit mehr als drei Jahrzehnten auf die Hilfe anderer angewiesen.

Heute früh war ich deprimiert, fix und fertig. Alles war schwierig und schien sich gegen mich und meine Lebensaufgabe zu stellen. Ich bat Maria, mir beizustehen, weil ich das mir Aufgetragene alleine nicht mehr meistern konnte. Und SIE antwortete mir:

»Meine liebe kleine Seele, ich freue mich an dir, auch wenn sich dein Herz gelegentlich in Aufruhr befindet. Mach dir über diese Erschütterungen keine Gedanken. Ich bin diejenige, die dich führt. Und wenn ich Dich besuche, dann bitte ich Gott, dir auf eine besondere Weise zu helfen. Frieden! Mein Kind, ich gebe dir wesentlich mehr Schutz als du verspürst. Ich, deine Mutter, dränge alles zurück, was dich von mir entfernt. Ich weiß am allerbesten wie man Seelen zu Gott führt. Auch wenn es zurzeit sehr dunkel um dich herum erscheint und du keine Ahnung hast, wohin ich dich führe, brauchst du keine Angst zu haben, denn meine schützende Hand leitet dich. Mehr brauchst du nicht zu wissen!«

Es heißt, der Glaube kann Berge versetzen. Das hat er in meinem »Fall« bereits getan. Relativ frei, auf dem Weg der Besserung, danke ich Maria jeden Tag für meine Rettung und meine neue Aufgabe. Und SIE wird mir wieder helfen. Dessen bin ich mir sicher. Auch wenn ich zur Zeit ziemlich viel einstecke. Ich habe gelernt, IHR zu vertrauen. Nur Maria kann diesen Saustall ausmisten. SIE wird es mir ermöglichen zu lieben, zu helfen und zu dienen. In IHREM Sinne. SIE beschützt mich. Danke Maria.

Denn selig sind die, die glauben können, ohne zu sehen. Und gelegentlich spüre ich dieses Licht, und sehe gewisse Konturen. Welch ein Privileg. Inshallah.

Über den Autor

Dr. hc Florian Homm, MBA

Florian Homms Lebenslauf ist wahrscheinlich einzigartig für einen Bürger aus dem hessischen Oberursel:

Mitglied der deutschen Junioren-Basketball-Nationalmannschaft und Profisportler, Absolvent des Harvard College und der Harvard Business School, Executive Vice President, leidenschaftlicher Unternehmer, Venture-Capital-Experte, laut *Manager Magazin* einst einer der 300 reichsten Deutschen, Sonderbotschafter und Abgesandter der UNESCO für Liberia und größter Privatspender für Liberia.

Homm ist einer der bekanntesten Investmentbanker hinter dem Launch der europäischen Aktienmärkte für wachstumsstarke Unternehmen. Homm finanziert und bringt Dutzende von Unternehmen an die Börse, während er gleichzeitig Europas Aktienmärkte für wachstumsstarke Unternehmen entwickelt. Einige dieser Unternehmen erzielen schlechte Ergebnisse und erscheinen überbewertet, andere dagegen sind äußerst erfolgreich. Aufgrund Homms vielseitiger Investmentkompetenzen scheinen die Unternehmen und Fonds-Kunden davon zu profitieren, unabhängig davon, ob die Unternehmen Gewinner oder Verlierer sind. In den Neunzigern etabliert sich Homm zudem als einer der erfolgreichsten Leerverkäufer und Heuschrecke Europas. Allerdings ist nicht alles Gold, was glänzt.

Homm leidet unter einer progressiven Multiplen Sklerose (MS), die im Jahr 2000 diagnostiziert wurde. Seine geliebte Schwester Barbara stirbt 2006 an MS-bedingten Komplikationen. Im selben Jahr beginnt seine Ehe zu kriseln und endet in der Scheidung. Im November 2006 kommt Homm bei einem Mordversuch in Caracas, Venezuela, nur knapp mit dem Leben davon – eine Kugel steckt noch in seinem Körper, nur wenige Millimeter von der Wirbelsäule entfernt. Ein extrem ausschweifendes Leben, Workaholismus und Investitionen in Nachtclubs und Bordelle passen nicht zum klassischen Image eines Finanziers und Spross der berühmten und privilegierten Neckermann-Dynastie, die mit Einzelhandel und Tourismus reich wurde. Erfolgreiches Value Investing, aber auch massive Leerverkäufe, Greenmailing und aggressive Unternehmensattacken führen zu spektakulären Ergebnissen und bringen Homm zahlreiche Investment-Preise und Auszeichnungen ein, vor allem in Baisse-Märkten.

Fast zwei Jahrzehnte gilt Homm bei vielen Börseninsidern als einer der skrupellosesten und cleversten europäischen Investoren. Homm macht ein Vermögen mit seinen von amerikanischen Finanz- und Investmenttechniken geprägten Attacken auf das deutsche Industrie- und Bank-Establishment und mischt einen ziemlich unterentwickelten Aktienmarkt auf. Während er ein beachtliches Vermögen ansammelt, macht er sich gleichzeitig zahlreiche Feinde.

Im Jahr 2007 zieht er sich abrupt aus einer der größten Hedgefondsgesellschaften Europas zurück, die er sechs Jahre zuvor gegründet hatte. Sein Rücktritt ist an jenem Tag die meistgelesene Nachricht in den Bloomberg-Wirtschaftsnachrichten. Während Homm versucht, einen Sinn in seinem Leben zu finden, wird er von Kopfgeldjägern um die ganze Welt gehetzt. Sie wollen die Belohnung von 1,5 Millionen Euro einstreichen, die eine deutsche Detektei auf seine Ergreifung ausgesetzt hat. Im März 2013 wird er in Italiens berühmtester Kunstgalerie, den Uffizien in Florenz, wegen Marktmanipulation und angeblich millionenschweren Anlagebetrugs festgenommen. Fünfzehn Monate lang kämpft er unter lebensbedrohenden und unmenschlichen Bedingungen gegen das Auslieferungsbegehren der USA.

Homm verlässt das italienische Gefängnis als freier Mann – ein Umstand, den selbst seine Anwälte als wahres Wunder bezeichnen – und kehrt im Sommer 2014 ins heimatliche Deutschland zurück. Dort erholt er sich allmählich. Gegenwärtig arbeitet er an zwei Büchern und Filmprojekten.

Als Homm aus dem Gefängnis freikommt, ist er geläutert. Er schreibt sein Überleben einem kleinen Andachtsbuch mit dem Titel *Our Lady's Message of Mercy to the World* – Die Botschaft unserer Lieben Frau der Gnade – zu, das ihm Hoffnung und einen Grund zum Leben gab, als sich alle, außer einigen handverlesenen Freunden und Familienmitgliedern, von ihm abwendeten. Die Medien betrachten seine Wandlung mit Skepsis, schließen die Wandlung vom Saulus zum Paulus aber nicht grundsätzlich aus.

Homms eigenen Worten zufolge ist sein restliches Leben der Mission gewidmet, *Our Lady's Message of Mercy* in die Welt zu tragen. Er hält öffentliche Vorträge über seine Wandlung und Frömmigkeit gegenüber der Heiligen Mutter. Sein Ziel ist, anderen dabei zu helfen, mithilfe ihres Glaubens, karitativer Werke, Liebe und guter Taten ihren wahren Lebenszweck zu finden. Soweit es ihm sein rechtlicher Status erlaubt und er in der Lage ist, zu reisen, hat er es sich zum Ziel gemacht, missbrauchte Kinder und Frauen in einigen der ärmsten und gewalttätigsten Ländern der Welt zu unterstützen.

Über *Our Lady's Message of Mercy to the World*

Lieber Leser: In Bezug auf den Erhalt einer deutschen Version der Botschaften der Muttergottes

Ich bin sicher, dass Sie begriffen haben, dass ich aus Dankbarkeit und tiefer Überzeugung meine noch verfügbaren Jahre dazu einsetzen werde, um die Botschaften der Barmherzigkeit der Gnade unserer lieben Frau, der Mutter Gottes, bekannt zu machen. Sie haben mein Leben gerettet und geben mir jeden Tag enorme Kraft. Ich sorge mich sehr wenig um die öffentliche Meinung und was die weltlichen Medien über mich sagen. Das hat mich weder als Milliardär interessiert und es ist noch unbedeutender als Diener der Gottesmutter Maria. Das Einzige, was für mich zählt, ist, dass die Botschaften der Muttergottes weit verbreitet werden und leicht verfügbar sind. Es geht darum Seelen in Not zu helfen. Es geht um Hoffnung, Lieben und Geben. Alles andere ist sekundär.

So Gott will, werden die Botschaften der Barmherzigkeit der Muttergottes alsbald in deutscher Sprache überall im Buchhandel bestellbar sein, denn seit Mitte 2015 bin ich der Rechteinhaber der deutschen Version. Falls sie Fragen haben sollten, schicken Sie mir bitte eine E-Mail an: florian@olmomag.org.

Mit herzlichen Grüßen,
Gott segne Sie,
Florian Homm

Kopf Geld Jagd

Florian Homm

Sein Ruf ist legendär. Sein Leben ein Abenteuer. Seine
Häscher gnadenlos. Florian Homm. Ein Zweimeterhüne.
Ein Plattmacher. Ein skrupelloser Hedgefonds-Manager.
Einer, der mit gerade einmal 26 Jahren für südamerika-
nische Regierungen und Vermögende Millionen bewegte.
Wie im Rausch pflügte Florian Homm mit brutaler Effizienz
durch sein Leben, das im kleinen Oberursel begann und
ihn über Harvard ins Herz der Finanzmärkte führte. Glei-
chermaßen brillant und charismatisch beginnt er seinen
kometenhaften Aufstieg im härtesten Business der Welt.
Im Laufe seiner Karriere verdiente er am Bankrott der
Bremer Vulkan-Werft, sanierte den Fußballklub Borussia
Dortmund und wurde in Venezuela niedergeschossen.
Doch auch dann, dem Tod nur knapp entronnen, gibt es
für Florian Homm nur eine Richtung: die Flucht nach vorne.
Bis ihn sein rücksichtsloses Leben plötzlich einholt.

368 Seiten | Hardcover mit Schutzumschlag | 19,99 € (D) | ISBN 978-3-89879-788-7

Elon Musk

Ashlee Vance | Elon Musk

Elon Musk ist als Unternehmer der da Vinci des 21. Jahrhunderts. Seine Firmengründungen lesen sich wie das Who's who der zukunftsträchtigsten Unternehmen der Welt. Mit PayPal revolutionierte er das Zahlen im Internet, mit Tesla schreckte er die Autoindustrie auf und sein Raumfahrtunternehmen SpaceX ist aktuell das weltweit einzige Unternehmen, das ein Raumschiff mit großer Nutzlast wieder auf die Erde zurückbringen kann.

Dies ist die Geschichte hinter einem der größten Unternehmer seit Thomas Edison, Henry Ford oder Howard Hughes. Das Buch erzählt seinen kometenhaften Aufstieg von seiner Flucht aus Südafrika mit 17 Jahren bis heute. Es ist die gleichsam inspirierende, persönliche und spannende Geschichte eines der erfolgreichsten Querdenker der Welt. Ashlee Vance hat für diese Biografie mehr als 40 Stunden persönlich mit Elon Musk verbracht und exklusiven Zugang zu Musks familiärem Umfeld erhalten.